华夏智库·企业培训丛书

U0577505

区域为王

牛恩坤 张显宝◎著

——经销商区域为王制胜模式

经济管理出版社
ECONOMY & MANAGEMENT PUBLISHING HOUSE

图书在版编目（CIP）数据

区域为王——经销商区域为王制胜模式/牛恩坤，张显宝著. —北京：经济管理出版社，2015.2

ISBN 978 - 7 - 5096 - 3600 - 8

Ⅰ.①区… Ⅱ.①牛… Ⅲ.①区域贸易—市场营销学—研究 Ⅳ.①F713.50

中国版本图书馆 CIP 数据核字（2015）第 006844 号

组稿编辑：张　艳
责任编辑：张　艳　范美琴
责任印制：黄章平
责任校对：赵天宇

出版发行：经济管理出版社
　　　　　（北京市海淀区北蜂窝 8 号中雅大厦 A 座 11 层　　100038）
网　　　址：www. E - mp. com. cn
电　　　话：(010) 51915602
印　　　刷：北京晨旭印刷厂
经　　　销：新华书店
开　　　本：720mm×1000mm/16
印　　　张：13.25
字　　　数：190 千字
版　　　次：2015 年 3 月第 1 版　2015 年 3 月第 1 次印刷
书　　　号：ISBN 978 - 7 - 5096 - 3600 - 8
定　　　价：39.00 元

序 一

如果营销只是资金、技术、品牌、人才的竞争，那么，中国企业趁早就别干了，因为在这些方面，中国企业与跨国公司就不在一个起跑线上，胜负已定，结局已知。

如果营销只是规模的竞争，起跑时就知道结局。那么，中国企业早就该缴械了，因为与跨国公司相比，我们就不在一个数量级别上。

好在营销还是有点技术含量的，结局也是可以出乎意料的。世界战略咨询的鼻祖波士顿的创始人享德森说，"几乎任何种类的问题都可以由数学家利用非定量的数据来解决了。"

曾经有那么多人担心，一旦国门打开，中国企业肯定不是跨国公司的对手。然而，那些"杞人忧天"的人们的担心是多余的，结局出乎意料。

中国是个神奇的地方，其神奇之处就在于它不断创造奇迹。而创造奇迹之处就在于中国企业的结局，连我们自己都不曾预料。

强者打败弱者不是奇迹。弱者偶尔打赢强者可能也不算奇迹，因为老虎也有打盹的时候。弱者总是打败强者，我们就要重新认识这个问题了。

个别的奇迹是奇迹，整体的奇迹就不再是奇迹，而是另外一种人们不曾认识到的必然。把这种必然上升到方法论角度，就是另一种理论，一种与传统理论相博弈的新理论。

毛泽东创造了根据地和农村包围城市这些原有军事学没有的概念，从军事角度看，这是以弱胜强、以少胜多的方法。可以说，毛泽东发现了军事学上"弱者打败强者"的规律，所以诞生了新中国。

在营销和企业经营上，中国企业是跨国公司的好学生。同时，中国企业也是有创造力的学生。学习西方营销和跨国公司，不是为了模仿它。因为我们知道，徒弟用师傅的方法，很难打倒师傅。

跨国公司有什么，我们就学什么；跨国公司怕什么，我们就做什么。这才是学习与创造性发挥的逻辑。不学习跨国公司，怎么能打准它的要害？

有人总是拿跨国公司做标杆，然后说道中国企业的问题。这是对称性竞争的思维。它的基本逻辑是：跨国公司的品牌、人才等做得好，我们要在这些方面超过它。这是线性思维的逻辑，说得更难听一点，就是书生式的迂腐逻辑。

中国营销整体上是非对称竞争，这是由中国先天弱势的地位决定的。田忌赛马的故事讲的就是非对称的思维。以自己的优势攻击竞争对手的弱点，如中小品牌以高性价比对抗名牌的高价值，以灵活机动反应迅速攻击一线品牌的战线长、反应慢等弱点，以局部优势创造相对优势。这也是非对称的思维。能用非对称思维思考解决问题是非常不易的，因为我们一直接受的教育是逻辑式的，非对称要在观念上跑出逻辑思维，进入另一套逻辑。

对称性竞争是一套逻辑，从书本很容易学会；非对称竞争是另一套逻辑，从书本上不容易学会。我经常跟我的学生讲，你们的悲剧就在于不懂销售时，已经懂了营销。营销教材告诉他们的往往是对称竞争，学生一到企业，往往觉得这样的企业怎么还活着。在中国做销售，往往要做到的是把各方面都不如竞品的产品卖出去，这就需要非对称竞争。中国企业的销售，往往就是寻找非对称竞争的思路。

如同毛泽东发明了根据地、农村包围城市、滚动式扩张等军事词汇外，中国营销界了解发明了很多从营销学上学不到的词汇，比如深度分销、根据地市场、区域市场、终端、导购、终端拦截等。正是这些内容，丰富了营销学。有人把这些东西称为草根，其实不知道这才是最深奥的道理和理论，因为没有哪个理论比让弱者打败强者的理论更深奥。

中国营销就是在批评中发展的，做大的。被批评，不一定是营销界做错了，可能是批评者做错了。好在实践是检验真理的唯一标准，中国企业的发展为中国做了背书。

在中国，有一批中国式营销的传道者，还有更多的实践者，同时还有两者兼做的人。比如本书的作者牛恩坤、张显宝先生，就是第三类。从理论到实践，从实践到理论，直到形成自己的体系。这些人是可贵的。

中国还是中小企业占多数，很多行业还没有完成行业整合，有些行业甚至是天然性的行业，如白酒。这是中国营销的基本现实，虽然中国企业的整体规模、资源都有了提升，跨国公司的对称性竞争的方法，中国有些企业可以采用了。但一定不能忘了中国企业总体规模还很小这个现实。甚至还可以说，根植于中国特殊土壤的中国式营销，其实可以作用于新兴市场国家，甚至不发达国家营销的基本逻辑。当然，结合具体情况，方法上是有变化的。

《区域为王——经销商区域为王制胜模式》这本书，不是单纯的理论，也不是单纯的实操，而是介于理论和实操的一些规律性的总结。这些东西，我们可以称之为方法论。方法论，往上走就是理论，往下走，就可以演化出无数方法。

以弱胜强的技术含量无疑更高。以弱胜强者，意味着强者是天然的主导者，强者可以按自己的套路出牌，可以有完整的规划。以弱胜强，在方法论是有规律的，但在操作上必须随机应变。就像毛泽东的游击战的"十六字方针"——敌进我退，敌驻我扰，敌疲我打，敌退我追。从本质上讲，敌人是主导，但变化最快的是我方，必须随机应变。所以，中国式营销的技术含量是很高的。

本书的区域制胜模式，我理解有两点：第一，它必然是以建立根据地为目标；第二，它不是着眼于只建立个别根据地，而是建立更多的根据地。所以，它要求必须是能够复制的。所以，迂腐的人是做不成这些事的。

我尊敬通过营销把中国企业做大的营销人，就像尊敬为共和国的建立而付出心血和生命的战士一样。

刘春雄

序　二

酒业深度营销时代的"实战手册"

——《区域为王——经销商区域为王制胜模式》荐评

自 2012 年下半年酒业结束黄金期发展、进入深度调整期以来，酒业正发生着重大而深刻的变化。导致酒业发生重大而深刻变化的原因，既有政经环境变化的宏观因素，也包含行业非理性发展和扩张多年累积的矛盾与问题难以自我修复的自身因素。不管酒业有多么的不情愿，毋庸置疑的，调整不是短期内就能结束的，酒业的变革和变化也必将成为酒业发展的"新常态"。当前的现实是，在新旧交替的酒业的"换挡期"，再加上风起云涌的互联网大潮的侵袭，作为企业的决策者，或者是销售负责人，如何在行业的"深寒"中通过适应性的调整，保持业绩的稳健发展甚至是持续增长，已经成为一个普遍的难题。无所适从和束手无策正成为酒业多数人的"显性焦虑"。

旧的规则失灵了，新的规则尚未明确地显现和清晰地发挥作用，在酒业全面重构的 2014 年，库存消化仍然是市场的一项中心工作，在必须要改变对经销商强硬的压货，继而代之关注他们的生存状况和经销质量以及降低身段、弯下身子亲商、护商，在意气风发、豪情满怀的全国化戛然而止而不得不重新审视根据地和利基市场的当下，谁最先找到市场破局的办法，谁就能成为那个获得开启市场钥匙，进而赢得逆势增长的"神奇"的人。

古人云，取道、优势、明术。这本由牛恩坤、张显宝合著的《区域为王——经销商区域为王制胜模式》很明显地契合了这个"法则"，成为酒业"茫"（迷茫）时代中的一本不可多得的实战好书。书中提出的"深度营销时代"、"再好的产品也要下基层"、"有经销权不等于有市场权"、"做厂家区域的代言人"等诸多的概念和观点，令人耳目一新，都深度契合当前酒业营销现状和发展趋势。不仅如此，在强调"区域制胜"、"区域力量"的主旨下，作者还对"如何区域称王"、"如何进行有效的区域市场开发"以及"区域市场开发的思维误区和错误做法"等核心问题进行了深入的讲解和剖析，并提供了很细致的、可以拿来就用的具体方法。另外，本书也对"区域市场开发的变革与创新"、企业"营销模式升级"等问题进行了相关论述。这些论述给人以思考和启发。

一句话概括，《区域为王——经销商区域为王制胜模式》就是"酒业深度营销时代的实战手册"，必将对酒业顺利度过转型期、换挡期，适应新常态，找到新方法，明晰新规则，赢得新变化，产生积极而深远的意义。同时，对于新时期酒类企业和酒类产品的营销变革及创新产生抛砖引玉的推动和推进作用，从而缓解酒业营销人、酒类企业与酒类经销商的"调整期焦虑"，使他们获得摆脱"调整期困惑"的可能。

作为新生代的实战营销人，也很显然，牛恩坤、张显宝还需要更多的酒业实战和营销历练，因而全书呈现出来的也可能会有个别的偏颇和瑕疵，但大家不必苛责他们，营销本来就是一门源于实践又回归于实践、需要不断探索和总结的实用性学科。让我们一起以信任和宽容的心态关注他们，并祝福他们在酒业营销这条路上能够不断地超越与开拓，为我们和酒业奉献更多他们独特性的总结与思考的精品，从而一起推动酒业营销的进步，推动酒业持续、健康发展！

《糖烟酒周刊》杂志社总编辑　杜建明

前　言

在这个充满机会与诱惑、焦虑与冒进的时代，九州大地，无以数计的经销商在区域市场汪洋中起起浮浮，追逐着自己的淘金梦或事业梦。但激烈的区域争夺战让生产厂家不得不向渠道要利润，从而导致经销商不仅要忍受利润巨降之苦，还要拱手让出自己的部分地盘，以满足企业扁平化管理要求和日益膨胀的零售网点的胃口。营销市场消费低迷，销量下滑，销价下降，营销工作正遭遇着严重挑战。

面对营销局势的突变，很多经销商常常感到措手不及：有的因前几年市场条件好，发展太顺利，这两年由于盲目扩张，造成在高成本迷局中举步维艰；有的才刚刚起步，正踌躇满志，却遭遇资金能力短缺、产品选择失误、营销网络不够健全、上下游博弈的智力不足、物流配送不力等困境，一下子方寸大乱，不知如何应对。在高成本时代的拐点演变中，怎样才能于区域市场的千般考验万般挑战中，让机遇的天平倾斜到自己的方向，做一个名副其实的"区域之王"呢？其实，真正的胜利者，是那些具有正确的经营理念，在营销模式上升级和蜕变的经销商！

事实上，真正具备成功实力的经销商，不一定在传统渠道和终端网络上占多大优势，甚至在至关重要的地域关系上也未必最强，但他们能够走出观念误区，在深度营销时代下做出正确的市场抉择，并致力于实力赢得区域话语权，开发战略思维，凭借丰富的区域市场操作经验开拓终端并注重商业模式的升级和创新，能够准确定位管理层并做好管理工作，进行规范化、标准化、专业化经营。《区域为王——经销商区域为王制胜模式》一书所描述和解读的就是这样一个群体。

他们坚持创新、不断学习、持续修炼，在坚守智慧的同时，成就了"区域为王"的梦想，也同时成就了行业持续健康发展的未来和希望。对于行业，对于中国，这一转变，均意义非凡！

目　录

第一部分　区域之战：市场抉择与误区

第一部分

区域之战：市场抉择与误区

第一章　深度营销时代下的市场抉择

随着销售模式的升级转换，一方面厂家不断对经销商提出了服务升级的要求，另一方面经销商也不断对自身的角色重新定位，对自身的销售模式重新考量，以期实现不断提升，达到占领市场、获得生存和发展的目的。

在遭遇渠道扁平化浪潮和新生渠道力量崛起的情况下，经销商必须采取深度营销、聚焦资源、以小博大、垄断渠道、精耕细作的策略和方式，这样才能在鱼龙混杂、竞争激烈的区域市场中站稳脚跟。

一家独大格局已破，细分市场是王道

经销商，就是在某一区域和领域拥有销售或服务的单位或个人。经销商作为企业市场营销中的重要一环，对于产品的销售和市场的经营有着举足轻重的作用。然而，随着中国经济的不断成熟与网络社会的不断发展，以及企业争相效仿的渠道战略日益严峻，经销商正在遭遇渠道扁平化浪潮和新生渠道力量的考验。

事实上，在当今市场上，经销商的整个经营环境都在发生着改变，现在经营的生态体系正在被各方兴起的力量所打破。也就是说，经销商即便实力再强，也不可能在某个领域一直完全垄断，形成一家独大的不变局面，市场早已过渡到市场细分的时代。在这种情况下，经销商首先应该认可的是细分市场的益处，确立"细分市场是王道"的观念。

"市场细分"，是1956年由美国市场营销学家温德尔·斯密首先提出来的一个概念。它是指营销者通过市场调研，依据消费者的需要和欲望、购买行为和购买习惯等方面的差异，把某一产品的市场整体划分为若干消费者群的市场分类过程。每一个消费者群就是一个细分市场，每一个细分市场都是具有类似需求倾向的消费者构成的群体。

对当今市场上的经销商来说，进行市场细分，有利于选择目标市场和制定市场营销策略，提高应变能力和竞争力；有利于发掘市场机会，开拓新市场，以更好地适应市场的需要；有利于在适合自己的目标市场，投入更多的人、财、物及资源，去争取局部市场上的优势，然后再占领自己的目标市场；有利于降低销售成本，提高营销效益。

在企业尤其是著名企业的周围，存在着形形色色的经销商，他们规模大小不等，能力强弱不一，诚信参差不齐，执行力相去甚远。为了生存和发展，经销商不仅要致力于处理好与企业的关系，还应该学习成功企业的市场细分经验，从中获得有益的启示。比如，麦当劳就是因为瞄准细分市场需求，才成为了当今世界上最大的餐饮集团。

麦当劳从3个方面细分市场，如表1-1所示：

表1-1 麦当劳细分市场的依据与方法

细分依据	细分方法
根据地理要素细分市场	主要是分析各区域的差异。如美国东西部的人喝的咖啡口味是不一样的。通过把市场细分为不同的地理单位进行经营活动，从而做到因地制宜

续表

细分依据	细分方法
根据人口要素细分市场	主要根据年龄、性别、家庭人口、生命周期、收入、职业、教育、宗教、种族、国籍等相关变量，把市场分割成若干整体。人口市场划定以后，要分析不同市场的特征与定位。例如在中国，有麦当劳叔叔俱乐部，参加者为 3～12 岁的小朋友，定期开展活动，让小朋友更加喜爱麦当劳。这便是相当成功的人口细分，抓住了该市场的特征与定位
根据心理要素细分市场	比如提出"59 秒快速服务"，即从顾客开始点餐到拿着食品离开柜台标准时间为 59 秒，不得超过 1 分钟。麦当劳对餐厅店堂布置也非常讲究，尽量做到让顾客觉得舒适自由

除了麦当劳，宝洁公司在细分市场方面也做得非常出色。宝洁的原则是：如果某一产品的市场还有空间，那么最好这个空间的其他品牌也是宝洁公司生产的。他重点不是告诉消费者这么多产品都是宝洁的，而是在于它的每一个品牌都可以满足一种消费需求。

面对各种激烈竞争，和已经确立的目标市场，宝洁公司运用"矩阵定位"法成功捍卫并进一步拓展市场。首先，宝洁把自己定位于洗发水的高级市场，生产高档产品。主要的竞争对手就是联合利华。其次，宝洁选择了根据不同的消费需求划分出来的不同的市场，并在每个市场占有举足轻重的地位，于是将其定位于一个多功能的品牌。

宝洁公司曾先后推出几种洗发水："海飞丝"、"飘柔"、"潘婷"和"沙宣"，在把它们定位于"呵护秀发专家"高品位的同时，又分别宣传"去头屑、柔顺、营养与保湿"功能。

"海飞丝"的个性在于去头屑，"潘婷"的个性在于对头发的营养保健，而"飘柔"的个性则是使头发光滑柔顺，"沙宣"的个性在于美发定型，而且每个品牌下又有不同的产品。如"飘柔"，就有去头屑的、营养护发的、洗护二合一的等好几种产品；时尚美发大师"沙宣"带来专业发廊护理的三大时尚元素：柔顺，亮泽，充满弹性；而作为宝洁公司的知名品牌，"潘婷"凭借其高质量的产品、准确的市场定位，一直被消费者视为突破性的头发修复及深层护养专家。潘婷推出的全新深层护养系列，包括丝质顺滑、弹性丰盈、特效修复及清爽洁净去屑四大系列护发、美发产品。潘婷的产品中均含有维他命原 B5 及复合维生素等营养素，可以深入呵护头发，改善发质。作为头发的护养专家，潘婷为消费者带来的是解决所有头发烦恼的全新方案，让每一个人都拥有健康亮泽的头发；海飞丝则推出了怡神舒爽型（天然薄荷），海飞丝滋养护理型（草本精华），海飞丝丝质柔滑型（二合一），海飞丝洁净呵护型等系列产品。这些产品分别满足了不同消费者的需求，因而受到了消费者的青睐。宝洁公司通过细分市场，占领了相当的市场份额。

结合麦当劳和宝洁公司细分市场方面的经验，经销商在开展目标经销的活动中，首先要做好的工作便是按照地理细分、人口细分和心理细分来划分目标市场，把一个或几个细分市场作为自己的经销目标，同时，像麦当劳那样根据市场需求，为每个细分市场定制相应的经销方案，以达到企业的营销目标。总的来说，包括产品需求性质、需求范围、竞争格局、生命周期，以及行业成本结构、企业技能、资金来源、宏观环境等多方面的因素研究，这些内部外部环境研究是市场细分的前提，并且这些因素也从不同的角度影响着经销商营销的成功。

总之，作为中国市场上既传统又中坚的渠道力量，经销商不仅仅是一个中间商，更是一个市场开拓者、管理者。在群雄逐鹿抢占市场的形势下，经销商只有提高自己的市场运作能力，进行合理的市场细分，制定相应的营销策略，才能继续生存和发展。

深度营销，再好的产品也要"下基层"

深度营销，就是建立在互联网基础上，以企业和顾客之间的深度沟通、认同为目标，从关心人的显性需求转向关心人的隐性需求的一种新型的、互动的、更加人性化的营销新模式、新观念。

深度营销的核心，就是要抓住"深度"二字做文章。对经销商而言，要想做好深度营销，就要了解顾客的隐性需求，引导顾客的深层消费。只有这样，你的产品才能真正适合和满足顾客心理这个"基层"需求。在这方面，经销商南阳金成糖酒有限责任公司对江西四特酒的成功操作就是一个典型的案例。

2003 年，江西四特酒刚进入河南南阳市场时，金成糖酒有限责任公司主推的产品为三星四特产品，该产品包装及酒质都比较好，性价比突出，30 多元一瓶的价格，很适合广大农村大众化消费。周总理曾经评价四特酒"清香醇纯，回味无穷"，其特殊的口感很容易让消费者产生口感依赖，消费者在品尝过一次后，就会留下深刻的印象，这正是其他品牌所没有的。但是，三星四特刚开始时销售一直平淡，虽然消费者饮后都反映很好，可就是销量增幅不大。

在这种情况下，金成糖酒有限责任公司经过细致调查，发现是渠道分销力度不足造成的，产品不能有效到达乡、村基层市场。于是，公司果断实施渠道下沉策略，着力构建县、乡、村三级分销渠道。公司组织了五六十名业务人员，分区域、大面积、高密度地铺货。

在铺货过程中，公司"发明"出了很多个南阳市场"第一"：第一家在南阳的酒店做门头陈列；第一家往酒盒里放奖券，进行有奖销售；第一家实行消费者兑奖、促销员兑奖、酒店老板兑奖相结合。

经过一年多的系统化运作，四特酒进入了消费者的视野，并最终在流通市场释放能量，在南阳市场酒店、流通、卖场等各个渠道，种种的创新使四特酒在南阳迅速火了起来。产品销量快速增长，实现南阳市场四特酒年销量突破1个亿，成为四特酒江西省外销量最大的地市级市场，主导单品三星四特酒年销量达到50万箱以上，成为南阳市场中低端白酒品牌销量最大的产品。

2005年，在四特酒主导南阳市场之后，四特市场基本成熟的情况下，金成糖酒有限责任公司又接了河套老窖。为了协调经销职能，公司划分出了两个事业部，四特酒事业部和河套老窖事业部，各司其职，各卖各的产品。河套老窖事业部招聘了30多名酒店促销人员，市场一下子火了起来。后来，该公司又接了赊店青花瓷酒，并成为当地的主导白酒品牌。

试想，假如金成糖酒有限责任公司没有采取渠道下沉策略，使产品"下基层"，那么再好的产品也卖不出去，好产品也就失去了意义。

为了让产品"下基层"，经销商必须打造完善的分销体系，实施渠道下沉。图1-1是一个分销体系模型：

从这个模型中可以看出，多渠道系统涉及生产工厂、经销商一二级代理及配送中心等，它是对同一或不同的细分市场，采用多条渠道的分销体系。由于分销系统关乎丰富的渠道资源，因此，打造完善的分销体系需要做好以下几方面的工作：

第一，广种薄收。

作为新经销商来说，事先并不知道哪些人适合做自己产品的分销，就算是老经销商经销新产品也是如此，因为现有的分销商很可能并不是自己需要的分销商。譬如中、高档白酒的分销网络和中、低档白酒的分销网络就截然

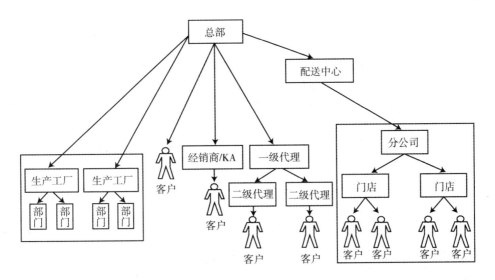

图1-1　分销体系模型

不同。做中、高档白酒的分销商习惯了每瓶酒就要赚上几十元甚至上百元的纯利润，你让他去做那种一箱酒也才三五元利润的分销商，他是提不起兴趣的。同样的道理，做习惯了那种一天就可以出货上百件甚至上千件产品的分销商你让他每天坐在店里靠卖一两箱酒过日子他心里绝对很难受，虽然从利润的角度而言是相差不大的。当然，也有这两种模式通吃的分销商，这种情况在一个市场上不多见，但它是未来分销商发展的一个趋势。

因此，为了获得理想的分销商资源就需要经销商事先进行一轮地毯式的扫街行动，并在这种扫街行动中逐步挖掘自己想要的分销网络，并按照合理分布原则进行区域划分。

第二，实行 1＋X 管理。

所谓 1＋X，就是一个分销商可以辐射多个网点。每个分销商都有自己固定的网络，有些是自己多年经营构建起来的，没有区域限制，只要是自己认为可以供货并能做好服务的，分销商一律自供；有些是厂家针对产品不同协助分销商构建起来的，有一定的区域限制，跨区销售则视为窜货，一般在啤酒行业尤其注意这块；我们需要的 1 + X 管理就是帮助分销商构建属于自己的分销领域和分销体系，涵盖了流通渠道、酒店终端及特通渠道。有做得更细的厂家还构建了 x + y 网络，让分销体系进一步延伸。但笔者并不认同这种持续下延的梯队，现在的利润越来越薄，消费者也越来越倾向直接面对厂家，环节的增加既减少了分销商的利润，也人为增加了消费者的购买支出，实在是两边不讨好。

1 + X 的管理核心就是怎么协助"1"管理、理顺好"X"，实现产品的快速分销和强化网点服务。对经销商来说，他需要管理的就是"1"，是自己能够直接供货、做服务的分销商，而分销商在自己的"X"当中也要寻找一批核心网络，这种核心网络是应该不随产品改变而改变的，是依赖自己的服务和产品供应来生存的。分销商做到了这一点，其实也是增加了与上一级经销商谈判的筹码，能够为自己带来更多、更好的利润和额外服务。

第三，主导分销商的产品结构和供应，垄断分销商的品类经营。

分销商一年的生意经营下来能够为它带来 80% 的经营利润的产品其实并不多，充其量也就是三五款产品。有人也许会说，分销商开了那么大一个店，每天的零售生意那么好，难道不产生利润？真正做生意的人都知道，分销商那点零售生意能够保住他的门面租金就已经很高兴了，他的利润来源大头还是在所经营的核心产品分销上。所以，我们需要做的就是成为他们这几款核心利润来源的经销商，掌控了他们的主导利润和网络赖以延续的市场，就掌控好了他们。

如果我们的品牌（产品）够强势，我们还可以进一步要求他们实行垄断专营，不得售卖同类竞争产品，以最大化经销好我方产品、挤占市场。譬如经销商经销的啤酒成为某分销商的主要利润来源后就可以要求他停止经销一切其他类啤酒，专营我们提供的啤酒产品；同时，分销商还可以要求他的核心 x 网点也只能售卖自己的专营啤酒。做到这一点，市场的竞争力不但大大提升，在市场份额的提升上更有不可预估的作用。

当然，我们能够让分销商做到这一点，有两个工作是需要确保的。一是确保分销商的经营利润，让他觉得增加一个竞品还不如经营这一个品牌赚钱；二是消费者的消费抵触心理已经解除，消费者没有达到非竞品不买的地步，我们的产品已经在市场形成对竞品的替代，消费者不反感；另外还有一点就是，做到这一点对啤酒类、白酒的中、低价位产品以及饮料类产品更容易实现。

第四，用利益来捆绑分销商的核心网点。

同样的道理，分销商能够掌控好自己的核心网点也是以利益为纽带的，如果我们能够实行釜底抽薪，直接帮助分销商掌控好他的核心网点，这对我们绑牢分销商有着十分重要的意义。我的一个做酒水的经销商最直接的做法就是协助分销商进行买店，以此让分销商离不开自己。因为现在的酒店进场要花进场费、专场要花专场费，而分销商出这样的钱一两家还扛得住，多了就吃不消了，但总经销就不一样了，因为有厂家支持，一个个钱多腰胀，帮分销商买店，由分销商送货，自己没有资金沉淀的压力，又可以稳定分销商队伍、笼络人心，是一举两得的事情。

对分销商核心网点的利益捆绑每年都要拿出专项费用支持，这种钱经销商不要去省，更不要去贪污，贪污这点钱表面上看你赚了点小钱，实际上与市场丢失或者市场下滑你所受到的损失比较孰轻孰重我不给你算账你自己也应该明白。

第五，借助厂家的影响来影响分销商。

总经销做市场也是做势。许多分销商可能并不买总经销商的账，一是他觉得自己也不比总经销差到哪里去，没必要受他人支使；二是总觉得总经销赚了自己一笔钱，心里不舒服，存在天生的抗拒心理。知道了分销商的这点心思，经销商在借用厂家的影响时就知道该怎么借了。对于第一种类型的分销商可以要求厂家以设立特约经销的形式来消除分销商的心理阴影，也就是说，可以让厂家把货物直接发运到分销商的仓库里，总经销商仍然可以帮助他维护网点、做好服务，以此博得分销商的心理认同；对于第二种类型的分销商则可以要求厂家的业务代表或驻地经理多上门做正面沟通，弱化总经销商在分销商心里的影子，让他觉得这钱是被厂家赚走了，而不是总经销赚了他很多钱；对分销商来说往往就是这样，厂家在他身上赚多少钱都是应该的，但总经销稍微多赚一点就觉得人家心太黑，在"杀猪"，实在不应该等。

做促销活动时也尽量以厂家的名义开展，就算总经销拿得出活动经费也最好以厂家的名义开展，以求得分销商的积极参与，强化其与厂家打交道的心理暗示。还可以组织分销商到厂家生产基地参观，组织旅游等，目的就是强化分销商的凝聚力。

第六，对分销商设计季度模糊奖励。

利益的掌控有时完全明朗化也不是好事，多年的实践经验告诉我们，总有那么一些分销商在用自己的合理利润去抢市场，以此形成对其他分销商的打压和威胁，这是现阶段不可能杜绝的事情，对于这样的分销商除了发现一家终止合作一家外，一个很重要的掌控手段就是给予模糊奖励的约束。你不是不想赚钱吗？那就不给你钱赚好了。我们把奖励发给那些真正做市场、对市场有统治能力的分销商。

模糊奖励的兑现一是要及时，不能让分销商觉得你在忽悠他，最好是额定在某个规定的时间段内兑现完毕，前期为了获得分销商的信任还可以行使一个月一兑现的手法来强化分销商对我们的信任；二是要实事求是，不能一通乱给，对那些乱价、窜货的分销商坚决不给；三是有区别地给，不能大一统，不但每个季度的奖励不一样，每个分销商的比例都可以不一样。

第七，加强对分销商的培训。

洗脑是现在每个厂家都在进行的一件事，但洗脑也要落在实处，不能搞赵本山式的"忽悠"，因为我们跟分销商的合作是长期买卖关系，不是一次性了断。我的一个同事，"忽悠"是他的本事，常常把分销商的脑袋"忽悠"成弱智，但他的这种忽悠对前期招商有帮助，一旦市场确定下来运作时就不对劲了，因为前期承诺的东西统统兑现不了，这也导致他在一个市场待的时间不能太长，一长就不灵了，还引起分销商的反感。所以，经销商对分销商的培训千万不能搞"忽悠"，而要实实在在地洗脑，目的就是让分销商与我们保持一条心。

培训可以分为内部讲师培训和外请讲师培训，以内训讲师为主，因为内训讲师了解所在市场，所讲的课更能够引起分销商的共鸣。也可以请分销商自己登台讲课或者分享经验，可以由专人帮助分销商撰写讲稿或者整理经验分享发言，以提升分销商的水平。

第八，帮助分销商成长。

有些经销商对分销商的控制主要在帮助分销商的成长上，让分销商每年一个台阶发展壮大。不要担心分销商的成长会威胁到自己，如果分销商发展了，说明你发展得更大了，如果分销商的发展反而超过了自己，你就更要反思自己的操作和失误。能够跟随你赚钱是分销商最朴素的愿望，能够跟随你既赚钱又得到成长则是每个分销商都愿意跟随你的最重要原因。

许多分销商对于成长的看法不尽相同，但你能够帮助他规范团队管理、梳理产品、优化网点和送货，甚至适当的时候为他在某些厂家面前说些好话，争取一两个好的产品供其代理，他的这种成长对你其实是有依赖性的，你说他能不死心塌地地为你卖命？

对分销商的掌控有时也是一种互为需要的关系，你们的共同发展和鱼水关系有时就是你们在厂家面前争取权利的利器，这样的掌控越多，关系越融洽，你们能够争取到的权利也就越大。因此，帮助分销商成长在某种意义上就是在帮助自己成长！

我们说的掌控分销商就是在掌控一种资源，当前期的消费培育工作暂告一段落，当产品的拐点已经出现，我们需要的就是分销商帮助我们尽快实现拐点出现后的市场井喷，以最快速度抢占既存于市场的份额，形成产品的旺销，赚取前期打市场时预支的亏损。

聚焦资源，有限空间创造局部优势

物理学上讲，当力量集中在一个点上，受力面积越小，产生的力量威力越强。聚焦的力量是强大的。我们不妨来看这三个例子：冬天的太阳是温煦的、暖暖的、柔柔的，当我们迎着太阳，用一个放大镜把光线聚焦在一张纸上，几分钟就会蹿出火焰，爆发燃烧的力量！一个少女温柔可爱，没什么大力气，路遇歹徒赤手搂抱，如果她手忙脚乱，拳打脚踢，则不能伤及歹徒的皮毛，可是如果她沉着应对，狠命用双手抓住坏人的一根手指，使出浑身力气，必能将其折断。我们双膀运力，抢起一柄大锤，猛力砸向一棵老树，除了一个声响，老树安然无恙；而拿出一把尖头锥子，手指稍稍转力，就能入木三分。这三个例子都表明了"聚焦"的力量，即在有限的空间创造出局部优势，从而达到了预期效果。

经销商的聚焦，就是通过对资源的整合，打造自己的"铁锥"，磨锐自己的锥尖，让锥尖单点突破。聚焦资源就是以资源换时间、以资源换市场，形成市场爆发力。说白了，就是将资源投放到某一区域、渠道或者产品上，建立明确而稳定的区域市场，在有限的空间内创造局部优势，赢得较大的市场份额，从而有效抵御竞争攻势，保存并壮大自己。

经销商要想在强手如林的市场上稳健发展，与其在整体市场上与竞争对手短兵相接，不如在区域市场上创造优势；与其在广大市场范围上占有极小的市场份额，不如在某几个区域市场内提高市场占有率。这就需要集中资源，利用差异化策略，以点带面突破的策略。

第一，找到关键，层层分解。

聚焦就是要找到关键点，并层层分解它。聚焦经销不仅仅是将 5 个指头收拢成为一个拳头就行了，要更具杀伤力，就必须找到关键问题，并进行层层分解，找到并击中该问题的关键点。

比如，经销商可能在某个时期，将精力和资源都放在某个区域市场上，以便用聚焦经销来打击分散布兵、长线作战的强敌。而在这个区域市场上，经销商有时需要重点解决的是如何提升拉力，有时又集中在如何让单品销量最大化，如何提升自己在某几个重点零售卖场的销量。经销商的选择、管理、调整等若干具体问题，再延伸下去，更具体的问题就像错综盘结的根须围绕在它们的周围。而且，这些东西还会随着市场的变化而发生变化。

经销商要提高自己的全局意识，让经销体系更加系统化，甚至还需要在产品、通路、服务、促销、宣传等各个大的环节上，详细而全面地找出与之相对应的可能影响经销绩效的所有要素，建立起体系化的经销模板。

此外，经销商还必须从自己面前的一大堆急事中，区分出孰轻孰重，哪些事务能将长期目标与短期利益最好地结合起来。还需要将经销的触角伸得离前线更近一点，以便进行过程监督。

第二，聚焦心智空间，占据品类第一。

心理学研究与市场统计显露：消费者心智中占有某种第一名的品牌，市场占有率比第二名品牌多一倍，第二名品牌比第三名品牌的市场占有率又多一倍，其他第四名、第五名就是品牌喽啰，消费者心智中没留什么痕迹。无论是消费品领域还是工业品领域，不管是在成长的市场还是在饱和的市场，经销商都要抢占第一的品牌始终赢得长期占有优势。

做到了品类第一，就可以独享一个品类市场的利益。而对于包含多个子品类市场的经销商，在某一子品类市场中做到第一，一样可以带动企业整体产品销售。子品类市场中，出现一个明星产品后，经营的整体品质、品牌形象都得到提升，甚至带动全线产品的销售，能使你获得更大利益。

第三，聚焦核心产品，实现单品突破。

经销商选择核心产品，一般会选择以一个核心产品或产品系列进入市场。该核心产品或产品系列是比较成熟、高性价比的基本型产品，可把它作为拳头产品，把这一单品做成区域内热销的精品，形成"单品突破"，在区域内形成消费者的优良口碑，迅速提升品牌形象。单品突破成功后，可以带动后续产品的销售。

很多经销商由于资金实力有限、团队经验不足，产品定位、市场定位和品牌定位不够清晰精准，这就更需要通过聚焦核心产品，通过有限聚焦资源，进行整合，力求核心单品在品类细分市场上取得重点突破。

第四，聚焦样本城市，实现营销突破。

在敌强我弱的情况下，经销商只能以局部优势达成全局优势，以战役战术主动赢得战略主动。劣势经销商只要不是绝对劣势，就可以通过局部的优势和主动，逐渐形成战略的优势和整体的优势。

市场营销中最强大的力量来自"聚焦"。市场、渠道、广告都需要聚焦，在收缩战线的时候，会变得更强大。比如脑白金当初聚焦在每个省最小的城市，从这里开始启动市场，倾尽所有猛砸广告，地方电视台与报纸的宣传相互交错，对消费者进行深度说服。脑白金先从江阴起步，然后打无锡，接着启动南京、常熟、常州、吉林，随后就顺利启动了全国市场。这其实就是脑白金聚焦引发的战果。

第五，总结聚焦模式，然后全国复制。

· 不要奢望一劳永逸，一次局部优势的胜利，就以为成功了，而是要不断地取得小胜利，积小胜为大胜，积少成多，最终达到全局的优势。而这种局部，可以作为经销商营销的任何一个环节。例如在传播、渠道、区域、价格、促销等方面只占一方面的优势，都有可能取得明显的成功，哪怕其他方面做得并不十分优秀，也往往能够使其在短期内确立竞争优势。

经销商的营销模式有很多，诸如传统营销、终端营销、电话营销、电视直销、会议营销、网络营销、服务营销、数据库营销、活动营销、事件营销、节日营销、体育营销、文艺营销、专家营销、体验营销、论坛营销、口碑营销、跨界营销等。

一个经销商能够从这些营销模式中选择出三五个，以一种为核心聚焦模式，其他为辅助，做成功的概率就非常大。如果经销商掌握了聚焦思维，并通过大量实践总结了一套成功的营销模式，就要迅速将这个成功的模式复制。

总之，聚焦的力量将会使经销商在营销过程中产生极大的力量，掌握好这个力量的经销商，就能够创造出局部优势，将会在市场中一路乘风破浪。

以小博大，小区域成就"大客户"

所谓"大客户"，是指能够对企业经营业绩提升做出较大贡献的经销商，而小区域中的"大客户"，是指在一定地区或者领域内有较大影响的重要经销商。相比之下，小客户即小经销商的贡献就没那么大了，因而也就"人微言轻"了。在渠道冲突过程中，小客户常常被大客户兼容并蓄，最后弄得鸡飞狗跳，进退两难，以至于经销在小客户这里终结。能不能做成大客户，还要看一个经销商能不能确立自己的营销理念，并采取有效的经营策略。事实上，以小博大，也能成就一个"大客户"、一个大经销商。

河南南阳金成糖酒有限责任公司是南阳酒类知名经销商，从事酒类品牌代理业务近10多年。该公司在董事长庞新春女士的带领下，以50万元起家，经过10多年的拼搏努力，从选择品牌、建设终端网络开始，紧抓消费趋势，构建强势分销网络；通过渠道精细化运作，构筑厂商利益共同体，维护分销渠道的利润；以诚信为经营宗旨，恪守商业承诺，诚实守信，不把产品风险转移到下边分销商和终端店，凡金成糖酒公司经销的产品，不管多长时间只要卖不动都可以无条件换货或退货，只要答应承诺的政策，无论什么时候都要兑现，绝不推诿找理由。该公司十多年坚持不断提升自己的商业品牌信用美誉度，不断增强渠道影响力和控制力，分销商和终端店只要一听是金成糖酒有限责任公司代理的产品，都会因为信赖而用现金接货，并积极推荐产品，因为不用担心货卖不动造成压货的问题。

金成糖酒公司靠着"诚信为本、深耕网络"的营销理念，成功实现了四特酒和赊店青花瓷两个主导白酒品牌均超过亿元的销售业绩，奠定了南阳区域市场酒类经销商的领导者地位，成为众多知名白酒品牌进入南阳市场寻求代理合作的首选客户，成功演绎了"小区域成就大客户"的成长经历。

金成糖酒公司的成长经历说明，在渠道扁平化浪潮和新生渠道力量崛起的今天，一个经销商尤其是中小经销商要想在狭小的区域空间以小博大，做大做强，就必须确立适合自己的发展战略，做好内部管理，提高服务水平，强化终端掌控力。只有苦练基本功，把这些方面工作做得扎实到位了，才能真正地强大起来；也只有这样，才能够成为生产厂家或总经销商眼中的一个"大客户"。

第一，确立自己的发展战略。

中小经销商的实力相对较小，不具备建立快速发展的势能，要自己提升市场占有率并拓展渠道，困难很大，而且耗时耗力。这就有个发展战略的问题，即在现有的条件下，经销商公司需要怎样的定位，利用自己的资源拼杀，还是智慧地识别资源，学会"嫁接"别人的资源和优势。

中小经销商不妨采取联合战略，借此建立拓展势能。比如，主动找当地的大经销商联合做市场，联合的形式可以有很多，可以是合伙人、分支机构等，利用其名头，与上游谈判，获得优势或垄断性产品和政策，用好产品和与大经销商的名义关系与下游谈判，获得势能。然后总结出一套模式来，在自己的势力范围内快速复制，直接"嫁接"很多小经销商的网络资源。在此基础上，设计利润模式出来，从利润共同体到命运共同体转变。有了势能，就好办事，靠制造不同的名头先把"感觉"做起来。"感觉"包含很多内容：内部的规范化管理、公司的活动能力、背景、想法、做法、公司的组织架构、理念、发展路径等。此外，也可以通过行业协会、厂家的支持，提高自身在行业及市场上的威望，让厂家、顾客不敢对自己小觑。

第二，做好内部管理。

越是中小型的经销商越要学会打扮自己，管理能力和水平的表现是能够快速提升其形象的。所谓管理出效益，一个不懂管理的经销商，注定难以做强做大，因此，未来的优秀经销商，一定会以管理作为强壮自己的基本条件。

经销商所谓管理一般主要包含以下这几方面：让老板听到员工的心里话和真心话，找到真正的病因，对症下药；全面、高效、操作简单的人、事、物管理方案；分类分策，全面提升客户忠诚度，使客户价值最大化；提升员工积极性，发挥最大工作能量；为员工提供行为规范，让新员工快速融入公司；实现员工自我管理，提升工作效率，避免工作扯皮现象；人事管理规范化，提高员工忠诚度；提升账目、货物管理能力，降低库存成本。经销商只有把管理工作提到了一个新台阶，队伍秩序井然了，厂家才能看到希望，也才会重视这个经销商，从而给予其更好的支持与帮助。

第三，提高服务水平。

服务力也是生产力。营销已经不再是单点制胜，而是体系制胜，在营销手段高度同质化的今天，通过服务，与竞争对手进行区隔；通过服务，强化了经销商的竞争能力，使经销商摆脱同质化竞争，从而树立在行业、厂家、消费者心目中的权威。提高服务水平主要包括如下内容：

一是规范作业流程。即经销商要把每天的市场作业程序化、流程化、制度化。体现专业人做专业事，比如拜访步骤、标准话术等，让终端作业人员耳熟能详。规范作业可以给予下游渠道信心与推销积极性，增强下游客户对经销商的向心力、凝聚力。

二是建立服务标准。建立服务标准可以避免服务成为"空口号"，进而落实到具体行动中，甚至是员工的每个作业动作、语言。通过建立服务标准，构建相应的组织架构，制定岗位职责、服务流程、服务要求及相关责任权利等服务制度体系，让服务变得鲜活生动，进而能够有效地贯彻执行。

三是善始善终，始终如一。服务很容易落入务虚的怪圈，也容易掉进"光打雷，不下雨"的误区。因此，经销商建立服务下游客户的企业文化，提高营销人员及后台管理人员对服务的认识，提高全员服务意识。

四是强化终端掌控力。对于经销商而言，强化对终端的掌控力，比厂家还要重要。掌控终端，是经销商提高与厂家谈判筹码的唯一"救命稻草"，谁掌控了终端，谁就拥有了对市场的话语权、主动权。强化终端掌控力包括如下几个方面：

掌控终端不是拥有终端，对终端，要为所用，不为所有。拥有的代价太大，对经销商的资金储备是个挑战。终端是消费者购买的"最后一公里"，经销商要通过硬终端网络的建设，包括店招、门头、展示柜、灯箱等的统一，强化消费者对终端以及经销商的认识，最大限度地发挥各类终端的作用，提升经销商对于终端的吸引力。

具备以上这些，基本上就能让中小型经销商的经营面貌焕然一新、与众不同。只有与众不同了，总经销、厂家才能对该经销商有感觉，他才能够获得优势资源，超越发展。

渠道垄断，设置厂家不可逾越的天堑

目前，市场的竞争已经不再是比谁表面有多大，而是比拼谁有真正地做深入，因为只有深入市场基层，才能贴近消费者。从经销之道上看，我们不难得出，谁能有效地运作终端，掌控终端，谁将能够取得竞争的胜利。

一个成功的经销商只有将自己的力量集中于某一个区域，或者集中精力成为某一类渠道上的"经销大户"，在局部资源的垄断上，设置上游厂家不可逾越的天堑，才能获得稳定的发展。

有一家叫作"仙人醉"的白酒经销商，在某个县的许多乡镇市场做得非常好，几乎处于垄断地位。这家经销商由于没有什么实力，厂家支持也不是很大，很难直接从县城开始操作市场，而且很难从中高端产品入手，因为直接从县城操作，直接操作中高端都要投入很大资源，限于资源贫乏，仙人醉经销商只选择了一个自己在当地人脉比较丰富的乡镇，从中低端酒开始着手操作。

由于产品没有知名度，还缺少资金做推广，仙人醉经销商采取了先赊销买完付款的方式，而且在此操作过程中，频繁搞些免费品鉴活动，抓住当地三家核心酒店，根据酒店终端老板心思，给予一款独家经销产品，另加两款常规性产品，大大刺激客户主推的积极性。

对于流通网点，仙人醉经销商采取的办法是每周都给客户发信息祝福问候，每次去拜访客户，都要求客户严格按照指导价格销售，严格按照生动化标准进行布置，并能提出一些关于如何销售产品、如何吸引人气的建议，在节日都给这些核心客户赠送些有纪念意义的礼品，不出 6 个月仙人醉经销商的产品在这个乡镇销售的势头就非常旺。

然后，这个经销商就再选择一个比较大的乡镇，开始着手操作第二个乡镇市场。仙人醉经销商通过一个乡镇又一个乡镇地突破，成熟的乡镇市场越来越多，日子过得非常舒服，手中可利用资金也多了，又接手了一个畅销品牌的饮品，做乡镇分销商。现在，仙人醉经销商手中不仅有酒，还有饮料和休闲食品，市场方面主攻乡镇、村级市场，年销售额在 2000 万元左右，成了当地乡镇市场叱咤风云的经销商。

由此可见，再小的经销商也有机会成长起来。小角楼经销商先是依靠某一个品牌在当地市场的起势，形成规模性占有，打造自己在当地市场影响力；接着，他通过流通网点，散发个人魅力，以实力和影响力等维持区域网络持续性；然后，他根据酒店终端老板的心思给予产品优惠，以产品的稀缺性打造渠道壁垒；他又通过一个个乡镇地突破，对渠道进行精细化、制度化、信息化、平台化管理等，通过这些手段，成功构建起厂家无法逾越的渠道天堑，为自己赢得了区域发展空间。

在中国的饮料市场中，娃哈哈是大家非常熟悉的饮料企业。它创造的联销体的渠道模式，成为它的核心竞争力，让它在众多的饮料企业中脱颖而出，百战不殆。

所谓的联销体，顾名思义，即联合销售体系，或称联合销售体，即厂商联合。娃哈哈联合众多的经销商，结成利益联盟，一起来销售娃哈哈的产品。娃哈哈联销体的具体结构是：娃哈哈总部→各省区分公司→特约一级批发商→二级批发商→三级批发商→零售终端。由娃哈哈制定的这张营销网络的主体由娃哈哈各级公司与 2000 个一批商以及更为众多的二批商、三批商和销售终端组成。

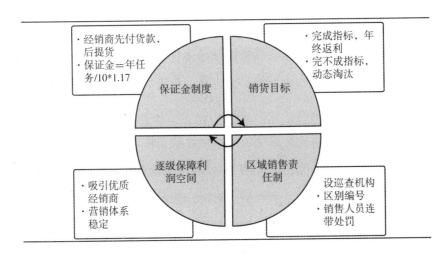

图 1-2 娃哈哈"联销体"4 个组成部分

娃哈哈的联销体模式，其特点是不直接掌控终端，这就大大节约了企业的销售人员，娃哈哈仅以两三千人的销售队伍，就能做出几百亿元的业绩。与加多宝上万人的销售队伍相比，娃哈哈无疑成本更低。

娃哈哈在一个区域内承诺只发展一家经销商。很多企业为了扩大销售，引进竞争机制，喜欢在一个区域内发展多家经销商，希望他们通过竞争来达到互相牵制、拓展市场、提高销售额的目的。娃哈哈的策略是选择一家，但是经销商必须要不折不扣地完成销售任务，执行各项促销政策。

表现杰出的经销商会受到娃哈哈额外的奖励。在娃哈哈 8 周年庆典的时候，杭州有 3 个经销商销售额突破 1000 万元大关，宗庆后奖励了他们每人一辆"五十铃"汽车，价值 10 多万元。娃哈哈对于经销商有一个考核体系，每年制定销售预期，超出预期的话，经销商都能享受额外的奖励。

快消品行业的一个顽疾就是窜货问题，为了避免出现"窜货"、"冲货"现象，娃哈哈一般的解决方法是，产品分区域打代码或用包装将销售区域区分开，让窜货者不能浑水摸鱼。同时，娃哈哈制定了"区域责任制"，规定各级经销商只能在所属的区域内销售，如果总部派出的独立督察组发现经销商不按规定办，就会对其处以重罚，甚至开除出经销商队伍。

娃哈哈成功的关键是因为它独特的联销体模式。一方面，联销体的渠道结构，让娃哈哈的产品遍布中国每一个有人的地方。另一方面，产品铺货快速是娃哈哈傲视群雄的地方。

此外，娃哈哈的渠道铺货速度惊人。这种联销体的渠道模式，能够保证娃哈哈每推出一个新品，能在3天时间铺满全国所有的渠道终端。"我们的优势就是快，就像人体的血脉，新产品一问世，就像新鲜血液一样迅速流遍全身。这显示了娃哈哈营销网络的健全和快捷。"宗庆后自豪地说。

事实证明，经销商能够通过渠道垄断，设置厂家不可逾越的天堑，最终成就自己的霸主地位。所谓渠道霸主，就是经销商通过运作众厂家的许多品牌，并垄断在某一个单一渠道、独享渠道带来的利润，从而成为厂家的渠道经销商。当然，单一渠道经销商必须根据渠道特性，拥有复合性产品组合，最好能够垄断这个渠道供应权、服务权，避免浪费资源。

总之，经销商可以在某个渠道上争取拥有独特优势、独特资源，使自己能够在这个方面成为市场统领者，能够独享这块小蛋糕带来的价值。像这样的经销商，可以说就是当地的区域王，其影响力甚至能辐射到更远的地区，想进入他们的渠道和终端是必须要拿出"买路钱"的。

精耕细作，变猎户模式为农耕模式

经销的猎户模式是一种粗放式经营方式。粗放经营原指农业生产中把一定的生产资料和劳动，分散地投在较多的土地上，进行粗耕简作的农业经营方式。在这种农业经营方式中，主要的生产要素是劳动和土地，增加农作物总产量主要靠扩大耕地面积，因而粗放经营是与低下的生产力水平相适应的。这一概念被引申到商业领域，泛指技术和管理水平不高、生产要素利用效率低、产品粗制滥造、物质和劳动消耗高的生产经营方式。

经销中的农耕模式是一种精耕细作经营方式。精耕细作是对中国传统农业精华的一种概括，指的是传统农业的一个综合技术体系。这一概念被引申到商业领域，即通过对终端渠道进行深度营销，实现销售额提升、公司获得发展的预期目标。

在渠道争夺战愈演愈烈的今天，经销商应该改变已经老旧的猎户模式，进行农耕模式的精耕细作。唯其如此，才能在区域争夺战中获胜。

对于经销商来说，精耕细作，深度营销，变猎户模式为农耕模式，对所在区域市场进行精细化运作，可以成就经销商江湖大佬地位。下面，让我们来看看在中国酒水渠道激烈变革的年代，河南卓越营销有限公司是如何在经销商商业生涯中成功的。

河南卓越营销有限公司，是出生、成长、发展于河南的一家专业营销机构，是以打造河南省白酒立体销售网络平台为目标的专业营销公司，主要负责53度国窖1573、泸州老窖六年头、泸州老窖老头曲、泸州老酒坊系列、泸州贡等多支产品在河南省的品牌运营及销售管理工作。

该公司通过调整营销模式，改变以前猎户式的粗放代理销售模式，采取精耕细作的方式，建立独特的品牌推广服务系统，为全省的泸州老窖经销商提供品牌策划、产品推广、市场管理等全方位的市场营销服务。

一是构建人才队伍，夯实发展根基。为了强化泸州老窖这一品牌的张力，该公司导入深度协销模式，成立自己专业的销售团队，还高薪聘请国内知名酒类销售企业的高层管理人员到本公司多个部分任职，现已打造出一支年轻、高效、富有层次的人才梯队。大家在泸州老窖先进的品牌理念引导下，为经销商提供保姆式的跟踪服务，确保泸州老窖产品在河南市场快速、健康、持续地发展。人才队伍的建立，为公司的后续发展奠定了坚实的基础。

二是确定消费群体，制定营销策略。接新品前一定要先梳理好自己的产品线，明确自己的主攻方向。一般来说，同一行业或品类建议只接一个品牌，除非多接的几个品牌其定位没有冲突，在自己所接的第一个品牌没有成为所在市场的强势品牌之前建议不要盲目引进新品。就这一点而言，许多经销商都耐不住寂寞，在自己所运作的品牌稍有起色时就纷纷引进新的品牌以增强自己的利润。更有部分经销商对自己稍有起色的品牌沾沾自喜，以为是自己有多大的市场运作能耐一样，以为一接新品也可以像自己目前所运作的品牌那样能够取得成功，过高地估计自己的实力。而卓越营销有限公司通过梳理产品线及消费群，瞄准核心消费人群，将泸州老窖六年头定位为大众喜宴产品，主攻宴席市场。以喜宴为口碑传播突破口的营销策略，增强了白酒体验效应，带动了流通渠道上的汇量式增长。

三是借助厂家资源优势，实现利益最大化。该公司积极探索品牌与服务一体化的深度厂商战略合作模式，与泸州老窖集团全资子公司——四川天地飘香投资管理有限公司联合投资，打造"飘香酒行"河南省连锁专卖定制直销网络，向消费者提供可信赖的酒类购买平台和专业的会员体验服务，从而在厂家构建的全局共享客户群中，实现了自身利益最大化。

现代的商业社会是一个产品同质化的社会，往往区别产品的唯一特征就是品牌，品牌对于很多企业来说是最重要的资产。"飘香酒行"的启动和运行，是对酒类渠道整合管理和渠道扁平延伸的一次新的尝试和探索，标志着酒类行业的一种新的态势，也标志着酒类连锁标准化的一种全新发展水平以及酒类渠道整合运作与投资增值的一种新趋势。

四是打造企业文化。该公司把"人和"作为企业文化的精髓，"人和"是以人为本、以人为核心的文化。古语说："天时不如地利，地利不如人和。""人和"就是团结，团结出向心力、凝聚力、战斗力、优秀人才、卓越业绩，团结是卓越公司发展的基础和根本。在卓越营销有限公司团结、和谐、进取的大家庭里，大家着眼大局、理解协作、求实肯干、自我挑战，追求一流素质是前提，创造一流业绩是结果，实现超越发展是目标。

河南卓越营销有限公司通过精耕细作的营销模式，实现了泸州老窖六年陈单品河南突破4亿元的目标，成为泸州老窖六年陈省级核心增长区域。目前全省共有20余家加盟店，预计2015年达到100家。

综观经销商阵营，那些做强做大的优质经销商，都是通过精耕细作成为当地霸主、区域王者的。可见农耕式精耕细作的效果之大！

第二章　话语权决定主动权的盈利法则

在任何一个社会，没有话语权就没有尊严。唯有王者、领导者才有话语权，才能拥有更多的资源与机会，而作为某一区域和领域只拥有销售或服务功能的经销商的话语权，是经销商利益最大化的保障。

经销商要想取得话语权，就要发挥得天独厚的地域优势，倾力打造自己的区域品牌，成为无可替代的区域强者，才能获得更多的话语权，决定产品价格，制定营销模式，在自己的区域王国立于不败之地。

宁做小池塘大鱼，不做大池塘小鱼

在水族世界中，历来都是"大鱼吃小鱼，小鱼吃虾米"，小鱼总是容易被大鱼吃掉。自然界的这一生存法则引申到现代营销活动中同样适用，正所谓"宁做小池塘大鱼，不做大池塘小鱼"！这一理念对任何一家经销商来说，都是值得深思的。因为唯有王者、领导者才有话语权，才能拥有更多的资源与机会。

河南豫南区域的一家中型白酒企业——河南淮源酒业，是河南省白酒生产重点企业之一。公司改制前，受诸多因素影响，实现大发展困难重重。2010 年 8 月公司改制后，使这个昔日活力不足的国有老企业实现华丽蝶变，焕发了生机与活力，走上了跨越发展的轨道。

改制后的淮源酒业抱着"宁做小池塘大鱼，不做大池塘小鱼"的思想，提出了"品牌升级和区域化市场布局"两大战略，聚焦当地桐柏县市场，深耕本地渠道，并且与亮剑营销咨询公司达成长期战略合作，投入巨资开发出战略主导产品。该公司采用"1 + 1"模式，即经销商与厂家深度合作模式，整合厂商资源，2011 年 12 月份与南阳超越创世酒业有限公司携手，共同推出了新品酒"淮源陶坛老窖"，开启了 2012 南阳风暴行动启动仪式，此举标志着淮源酒业最新推出的淮源陶坛老窖正式在南阳上市。

淮源酒业之所以选择淮源陶坛老窖作为战略主打品牌，是为了充分发挥这一地产品牌得天独厚的优势。其优势在于：

其一，淮源老窖具有深厚的历史文化底蕴。淮源与黄河、长江、济水称为中国"四渎"，淮源有中国"七水"之美誉。淮源历史悠久，为华夏文化发源地之一，是道教与佛教融合地，倡导天地为大，仁、义、礼、智、信。数千年前就是朝拜上天、祭祀神灵之地，此礼节一直延续到现在。盘古开天，血为淮源，上天造酒，始于老窖。桐柏作为中国的"盘古之乡"，有史可查，盘古居于桐柏山，盘古即开天辟地者，也是人根之祖。在源远流长的豫酒文化长河中，淮源老窖犹如一颗璀璨的明珠，镶嵌在淮河的源头，熠熠生辉。

其二，独特的酿酒地理环境。桐柏位于淮河流域，乃淮河之源头，处于北纬 32 度黄金中纬带，雨量充沛，日照充足，空气柔润，适宜五谷生长，海拔 1140 米的太白顶淮源之水，加上丰富的优质有机原粮，为淮源老窖提供了得天独厚的酿酒条件。

其三，传统浓香酿酒工艺。淮源老窖秉承八百年豫派传统浓香工艺，混蒸混烧，九蒸九酝，双轮固态发酵，酿酒历史悠久，工艺先进科学，选料考究，以巧手慧心，调和古今之味。产品通过了国际质量管理体系 ISO9001 认证，获得了"河南省著名商标"和"河南省名牌产品"等荣誉称号。此外，独有的小窖池发酵工艺，淮源拥有上百口倒梯形容积 5～6 平方米的泥池增加了窖，这种独特的小窖池可增大酒醅与窖泥的接触面积，窖泥与酒醅充分渗透相融，生成更多的自然香味，成就了淮源老窖"窖香浓郁，绵甜爽口，回味悠长"的浓香风格。观色，晶莹剔透。闻香，幽雅清润。赏味，醇和绵甜。

其四，强大的陶坛储酒优势。淮源酒业长期坚持以陶坛储存原酒，酒库里数千口陶坛林立，用陶坛储酒占用空间大，需要容器多，成本高，但可以达到陶酒合一、自然生香的目的。千百年的实践经验证明，陶坛容器透气性好，保温效果好，陶坛本身含有众多的微量元素能促进酒分子的结合作用，氧化、酯化、反应快，能促进酒老熟。

为了将战略主打品牌淮源陶坛老窖推向市场，淮源酒业对新品品牌进行了创意设计，以"陶坛、窖龄、小窖"为产品区隔，塑造产品差异化。中高端产品淮源陶坛老窖系列，以古韵陶坛为瓶型，突出了"陶坛"的文化概念，以"天酝地藏、手工妙酿"为品牌诉求点，既解决了消费者对于酒质的信任问题，又赋予和提升了陶坛老窖稀有、高贵的文化价值。包装古朴典雅，赋予了历史的厚重感。纯手工木盒，立体金烤花油陶坛，传统宜兴工艺，汉陶妙韵，古色古香，尽显淮源老窖尊贵雅致之神韵。这些设计具有独特的卖点，便于体现产品销售主张。

为推动产品快速上市成长，淮源酒业建立了专业的营销团队，制定了完善的营销政策。通过专业营销团队全程服务跟踪、全新营销运作模式导入、战略板块突破，确保开发一个市场，成功一个市场。为了强化渠道广度和深度，在每个乡镇发展一家经销商，打造密集型的分销网络，实施"分品种、分区域、分渠道"的代理商经营模式，强化厂家品牌服务职能，确保经销商的利益，激发经销商的热情；同时，通过实施推动"千村万店"工程，不断提高产品的渠道覆盖面，全面提升市场占有率，打造终端联销体，提升渠道进入门槛，增强渠道壁垒作用，将桐柏市场打成"固若金汤、铁板一块"，使外来白酒品牌无法与之正面竞争。通过模板市场的打造，实现了厂商双赢。

经过3年的努力，淮源酒业树立了淮源老窖绝对领导者的强势地位，实现了淮源老窖桐柏县40万人口县级市场销量超亿元的目标，完成了品牌及业绩双提升工程，成了河南区域白酒增长冠军，也是河南白酒品牌县级区域市场精耕增量的成功典型，被誉为河南白酒行业的"豫南之星"。淮源酒业终于在区域渠道这个"小池塘"变成了一条"大鱼"！

村长也是官，有领导权才有话语权

在任何一个社会，没有话语权就没有尊严。经销商作为一个地方的营销大户，就等于是农村的村长，而在渠道争夺战中，"村长"也是官，其话语权同样重要，尤其是一些实力雄厚的经销商，能在很大程度上主导产品的销量及其价格的涨跌。

传统经销商仅仅是卖货，会不择手段地产生"打价格战、只顾眼前现金收入、只顾要政策短期效益"等行为。作为新时期的经销商，要致力于整合分销商与厂家的资源，真正帮助所代理的品牌在区域内做大销量，这种规模化良性运营的经销商被称为"运营商"。提升代理品牌影响力的同时，经销商也在不断地获得行业认可，获得行业地位，获得市场更大的话语权，并由此获得利益最大化。

所谓经销商的话语权，是指经销商运作品牌的质量、渠道网络的多少、渠道网络对经销商认可度与信誉度及消费者对经销商认知的综合评估。经销商一旦获得话语权，将不会轻易丢掉，但话语权不是用来和厂家讨价还价的，而是可以使你所在的市场秩序更加稳定；话语权可以使厂家更信任你，话语权也能使消费者更信任你，话语权就是经销商自己的品牌。

那么，经销商如何增强当地话语权呢？我们先来借鉴一下无锡康达酒业的经销模式。

康达酒业是江阴市场口子窖、百威啤酒、古越龙山总经销商，2009年销售额突破7000万元。早年康达酒业是名不见经传的夫妻经销商，起步时5万元起家，当时手中没有品牌没有网络，经营可谓困难。2003年以前，口子窖运作市场基本是以直营为主，由于种种原因直营模式要改革，康达酒业老板吴总抓住机会不惜花10万元接手部分呆账、烂账，从直营模式中取得口子窖代理权，康达酒业取得口子窖代理权，利用口子窖强大的品牌力增强了自己公司竞争实力，随后，百威啤酒、古越龙山也与康达达成合作伙伴。百威啤酒代理权的取得，使康达酒业网络渠道得到了有力互补，公司完成了一次飞跃。

公司壮大以后，康达酒业的认知度逐步提升。这时，康达酒业又与多家白酒企业、国外葡萄酒进行联合销售，开发康达酒业专销产品，一步步壮大了经营规模。最后，终于完成了由小经销商向超商的转变。

通过康达酒业发展壮大我们能得到经销商取得当地话语权的步骤：一是与有品牌力的厂家合作；二是资源整合，完善自己下游渠道，互补有无；三是在渠道力及品牌力完善的情况下树立自己公司战略品牌。

从康达酒业的情况来看，处理好与分销商的关系固然重要，但处理好与厂家的关系乃是重中之重。为此，经销商需要首先强化自我，提升管理和运作水平，这是与厂家乃至分销商达成良好合作的前提，也是取得话语权的基础和保障。

就经销商与厂家的合作而言，无论经销商实力是强还是弱，都要保持低调的态度，但又要有恒强的精神，让厂家感觉到自己虽然可能目前实力不足，但可以通过努力和完善达到新的高度，给予厂家信心，让厂家信任自己。当然，经销商还是要做具体的改革推进，不断完善自己，但至少自己的沟通表述和精神先要得到厂家认可。

很多老经销商在与强势品牌合作过一段时间后，厂家要"清洗"经销商群体时，抱着自己当年功劳怎么大的态度，在厂家人员面前不讲将来的市场如何运作，而是侃侃而谈昔日之勇。时间长了，厂家人员会反感和不屑。不如保持谦虚态度，请厂家人员给予实际的指导和发展意见，说实话，做实事，更有利于双方的尊重和未来关系的发展。

还有的老经销商习惯于自己"当年"那一套，无视新的制度和方法，很容易招致厂家人员的不满。因为厂家人员也是在按照流程做自己的事情，经销商的不配合就是对厂家人员的不尊重，长此以往双方关系就会紧张。其实，做规范的事情，甚至经销商公司化管理已经是个趋势，很多大品牌在选择经销商时，对其管理水平、硬件、软件配备及是否公司化运营都有要求。因此，经销商也应规范做事，支持对方的工作流程。

此外，经销商没有公司化的，可以请厂家人员给予公司化运营的指导，标准制度、团队、文化的建设也有利于自身的发展和与经销品牌的匹配。经销商管理和运作水平的提升，也是博得话语权的基础和保障。

厂商矛盾是客观存在和不可避免的，对于工作中的矛盾，应尽早解决，不要积累矛盾，造成不必要的合作障碍。顺畅的沟通是解决矛盾的有效方式，双方可以就某些观点和操作进行商谈。例如某次市场推广，由双方权衡，经销商可以执行的要爽快配合，确实有难度的，要求厂家人员申请支持。但很多时候，经销商一听厂家要做活动，反感很大，一口回绝，而厂家又需要执行统一活动，矛盾冲突凸显，互相怄气。这样解决不了问题，很多事情需要坐下来商讨。经销商一定要跟厂家沟通好，阐明自己的现实情况，取得厂家的理解，谋求更合理的共赢方式，而不是怨天尤人。

在与厂家合作的过程中，经销商应该大方针追随，顺势发展，做出典范。大方针的追随是经销商必须做的，同时也是顺势突出的捷径。厂家执行的全国市场活动意义重大，基本没有商讨余地，需要经销商义务配合，与其做无用的搪塞，不如积极配合做出典范，得到厂家认可。这样的活动厂家都会给予充足的费用支持，经销商也可以利用这个时机，将市场进一步激活和做扎实。很多老经销商平时积累了许多小问题，若在大的问题上依然是对峙的态度，就会被厂家抓典型，受到大的处罚，甚至被淘汰。经销商在与厂家的合作时，必须具备洞察力，不做不必要的"牺牲"。

经销商强弱主要表现在经营实力和渠道管控能力两大方面，其中渠道能力是经销商和厂家合作的核心，厂家选择经销商，是利用其健全的销售网点产生稳定的销售。良好客情和渠道强度也可以让经销商基业长青。但是很多情况下，市场秩序变化，经销商不能与时俱进，不断丧失自己的销售网点，这是一个危险的信号。市场竞争中，终端网点的陈列、地堆等也像大卖场一样开始出现各种名头的费用，一部分需要经销商良好的客情和拜访维系，同时也需要经销商投入一部分的费用强化、滋养渠道，因为你虽然经营强势品牌，但是你不投费用，竞品投费用，你的渠道强度就会减弱，甚至一些合作不愉快的门店会被竞品变成专卖，并不断蚕食你的网点。市场氛围和渠道广度都会大幅度减少，销售量自然下滑。厂家自然会不满，合作也会进入紧张期。

在这种情况下，经销商首先需要自己承担一定的渠道费用，同时也需要和厂家谈销售奖励，申请一定的渠道支持费用，来维系自己的渠道强度。如果经销商对于有费用的终端店采取拖、骗、放弃的态度，会造成渠道强度减弱，自己的话语权减弱，和厂家的合作就很难维系。既然是利用渠道赚钱，投入也在所难免。

经销商的规范化管理和团队对于渠道的精细维护，良好客情的建立也可以为经销商缩减投入。与厂家市场人员的良好客情和费用支持也会为经销商的渠道强度加力。渠道强度和品牌力强度是提升经销商影响力的武器，弱势经销商只有通过努力构建，将自己在行业中的威信和影响树立起来，才能与厂家对等合作，以吸纳更多的强势品牌，壮大自己。

总之，经销商虽为一方"村长"，但只要有了发展，也就有了领导权，同时也有了话语权。而要想取得关乎利益的话语权，就要在与厂家的合作过程中达到相匹配的程度，让自己慢慢强大起来，没有强大的时候，先谦逊起来，和厂家保持合作，借力规范自己的发展，通过市场表现、渠道管控、规范化管理作业，让自己成为成长型经销商，同时和厂家人员保持顺畅的沟通和深度的合作，推进合作的良性发展。

地域的力量，"强龙难压地头蛇"

"强龙难压地头蛇"是民间的一句谚语，比喻虽为强大者，但也压不住盘踞在当地的势力。在渠道争夺战中，经销商必须做好区域市场，成为区域市场的不可替代者。当你成了一个"地头蛇"时，强悍的外来势力这个"强龙"就不敢轻易损害你的利益。

所谓一方水土养一方商人，不同区域的经销商有不同的性格特征，表现在公司层面就是管理思路、经营方式的群体特征，甚至于如果我们分析不同地域经销商的发展历程，也能从中找到地域的共同点。很多时候，经销商具备的这种地域性特征，恰恰就是他们成功的天赋所在。

以鲁酒为代表的地方军团，是中国白酒中一支不可忽视的中坚力量，地域内市场占有率最高，性价比最高，具有一定的品牌影响力和文化底蕴，成为老百姓喜爱的家庭用酒。其强悍的地域力量，用一句话概括就是"强龙难压地头蛇"。

统治白酒的是文化。随着人们对中国传统文化和中国白酒文化研究的逐渐深入，人们不能不把目光转向山东。因为那里有孔子，是中庸和谐的儒家文化的发源地；有泰山，是世界瞩目的五岳之尊；有中国最早的液态酒实物，是徐州狮子山汉王陵墓考古发现的汉代兰陵贡酒；有中国白酒最具潜力的创新香型，是已获得地理标志产品认证的芝麻香型……鲁酒在新中国的白酒发展史上有着辉煌的记忆。同时，作为传承千年的民族传统产业，白酒也有其固定的发展模式和轨迹。而"鲁酒王"充满地域色彩的历史和文化，在白酒发展过程中仍然起了决定性作用。

除了鲁酒这样的"地头蛇"外，山东有一家县级农药经销商，在从事经销的第一年就获得70%的市场占有率，任何一个厂家想开发该县市场都得先找他，出台销售政策都要征求他的意见，不让他经销就意味着退出该县市场。

还有，湖北一家县级方便面经销商垄断了全国主流品牌在该县的经销权，二批或终端进货时，在该经销商处配货最方便，任何厂家都要重视该经销商的意见。有个别强势的厂家不尊重这个强势的县级方便面经销商，准备另寻商家，结果市场始终不成功。

经销商要想做成"地头蛇"，就要充分地发挥地域的力量，唯其如此，外部势力方能不敢小觑，自身利益方能得到维护。

第一，做能够垄断当地市场的地主。

按照经销商在厂家心目中的重要程度，可以将经销商分为不可替代者、高成本替代者、低成本替代者、可随意替代者。由于厂家的强势，厂家在替换经销商时经常不考虑经销商利益，经销商处于弱势一方。处于弱势的经销商如何保障自身的利益，关键在于提高厂家的替代成本。厂家替换经销商的成本增高，经销商从而获得了反制厂家的资格。

吉林长春有一家经销长白山酒业集团冰酒的经销商，以共赢的合作心态，与厂家建立起战略合作关系，借助具有浓厚地域特色的产品力、品牌力与渠道力所形成的合力，开辟属于自己的特色品牌和特属市场。厂家在提供地域特色产品以及优化商业模型的同时，还提供全方位的运作指导，确保合作双赢。他们还通过厂商合作，围绕长白山冰酒这一品牌高点，展开了多元化宽域幅的跨行业合作，凸显品牌张力。这家经销商在长白山酒业集团心目中的地位越来越稳固。

第二，将地域文化与品牌相融合。

将地域文化与品牌相融合，能够以低成本实现消费者的情感认同。以白酒为例，很多地产白酒企业虽然在当地有几十年的历史，却并没有意识到充分挖掘利用当地文化来进行品牌塑造，产品与当地的民众也没有建立起深厚的情感联系。地方白酒不像老名酒品牌，本身就已经具有强大的品牌影响力和宣传能力，要将其打造成为地方特产，就要靠山吃山，将地域文化融入品牌之中，让白酒品牌本身从品牌名称、品牌内涵到产品包装风格等都体现出当地特色来。这样的品牌，本身就成了当地的一种特产，马上就拉近了与当地消费者的情感联系，从而形成深刻的认同感。

比如，天津地方名酒"津酒"在很大程度上受惠于它的品牌名称，一个"津"字，将天津卫数百年的人文历史包含其中，当地民众对天津的自豪感和认同感在这个地产白酒中得到充分的体现，当地人招待客人、送礼都喜欢用津酒，津酒的角色也逐渐从一个地方白酒转而成为与天津十八街麻花、狗不理包子齐名的地方特产。

这只是其中一个典型案例，这个案例说明，将地域文化特色融入品牌血液当中，能够非常容易地拉近与当地民众的情感距离，满足他们对外表达自已的地域自豪感的潜在愿望。而大量在本地市场表现良好的地产白酒，也是充分利用当地地域文化资源而成功的。比如近年来迅速崛起的"黑土地"，让人清晰感觉到其品牌之中所包含的富饶东北的地域自豪感，消费者尤其是东北人对黑土地有着天然的亲切感。

第三，采取应对竞争的策略模式。

兵法云："兵无常形，水无常势。"面对激烈的市场竞争，经销商为了捍卫地主地位，必须选择合理有效的应对竞争的策略。

一是"置之不理"策略。如果区域内或进入区域市场的竞争对手，其主要目标客户和产品定位与当地经销商不同，相互之间没有大的冲突，暂时可以相安无事。如当地经销商是主要做餐饮酒店终端生意的酒类经销商，对伴随跨区域的连锁零售终端而延伸进入本区域的其他物流型经销商就没有必要大打出手。

二是"迎头痛击"策略。如果当地经销商是基于周边郊县密集运作的经销商，面对经营产品的品种和档次相同的其他经销商也下乡抢终端，企图进入你的主要利基市场区域，那么就必须采取果断的、有针对性的措施，并争取上游厂家的资源和力量的支持，予以坚决地阻击，打消其进一步深入的企图。

三是"区隔屏蔽"策略。如当地经销商已经在区域市场或某专业化细分市场中取得了领先地位，面对一些小规模的新进入者采用低价劣质、高利赊销等不正当手段渗透当地经销商的终端客户等现象，当地经销商要阐明自己与竞争对手的差异所在，强调合作基础、售后服务和对终端利益的长期保证等，并利用自己的客情关系及时进行屏蔽，如声明：终端客户销售了对手的产品，将终止与其合作和对其支持，来加大终端接受竞争对手的机会成本，以此屏蔽对手等。

四是"围魏救赵"策略。如果是实力规模较大的竞争对手进入主要利基市场，作为该市场的领先者，如直接正面冲突和打压他们，资源投入和利益损失可能太大，可以采用"攻其必救"的策略，也渗透或直接搅乱他们的利基市场，切断其现金流来源，减少对自己的威胁。

五是"竞争合作"策略。对区域内已经发展起来的竞争对手，或虽是新进入的，但已经站稳了脚跟的竞争对手，当地经销商应该清醒地认识到：任何一方很难完全吃掉另一方。最好的办法是在竞争的基础上达成某种协议，共同把其他较弱的竞争对手清理掉，并将市场做大。

六是"主动差异化"策略。如面对强大的竞争对手，当地经销商应当主动调整，退出自己擅长的区域和领域，强化与自己资源和能力相一致的领域；或认识到市场发展趋势和竞争变化的先机，从而主动放弃，并顺势发展，从根本上掌握竞争的主动权。

总之，经销商只要善于与厂家和其他势力合作，将地域文化融入品牌当中，采取合理有效的竞争策略，就一定会彰显地域的力量，在局部市场垄断一个行业或占绝对优势。只有成功做一个"地头蛇"，再强势的外部势力也明白"强龙难压地头蛇"的道理。

区域的强者，向厂家争取更多的资源

经销商虽然是区域营销的强者，但也少不了外力的支撑，尤其是在与厂家合作的过程中，向厂家争取更多的资源就是争取更多的利润了，同时可以有效减低经营风险。

任何资源都是稀缺的，都具有不同程度的战略意义。给经销商的资源，对厂家而言自然是希望能少则少，而对经销商永远是多多益善。这种资源的稀缺性，就形成了厂家与经销商对资源的博弈。比如在家电行业中，比较常见的就是经销商所要求的资源在厂家那里"大打折扣"，甚至于造成经销商漫天要价，厂家就地还价，经销商向厂家争取资源成了讨价还价的工具，而不是经销商做市场所真正需要的。有些资源更是适得其反，经销商受累于厂家这种无用的资源，现实中也不乏这样的例子。

陈先生是A市某二线品牌小家电代理，他代理经销的该品牌产品有电磁炉、饮水机、热水器三大类，陈先生转行做小家电的时间并不长，但很有干劲，也希望能在A市能尽快打开局面。为了上量，除了3家经销商政策中规定的支持政策资源之外，陈先生请厂家在A市的业务员帮忙又申请到了一批特别资源，其中包括相关的DM、POP、不少精美赠品以及部分广告条幅。两个月过去了，虽然各项计划执行得都还不错，但效果并不明显，而受到这么多额外支持的陈先生，却因此感受到了许多来自这些资源的额外压力。

陈先生在A市的碰壁并不是市场中的孤岛，事实上，许多在一线城市浸淫多年的其他品牌家电经销商也经常遇到这样的情况。仔细分析下来，许多经销商正是让这些不合适的资源牵着鼻子走，而在做市场的过程中失去了自我，陈先生也可以算一个典型。

A市作为三线城市，以该地的收入和消费水平，两极分化较为严重，就小家电而言，其需求并不旺盛，而消费能力较强的先富起来的一批人，大多也都已经选择了一线品牌，且已接近饱和。陈先生尽管在当地有不错的社会关系，也有着较好的市场意识，但对此也是无能为力。

其实，陈先生缺乏的不仅是对该市场的摸底，相反，因为厂家给的赠品相对该品牌产品而言十分精美，就赠品而言更适合于先富起来的这群人，陈先生很被动地将消费对象首先锁定在先富起来的这部分人，却忽略这部分人对品牌的身份象征有着特殊的需要，品牌本身又对其缺乏吸引力，结果造成消费者看得上赠品，看不上产品。以该品牌的产品力和形象力，应该是一款比较大众化的品牌，因此，将其定位为工薪阶层的选择更合适。从品牌本身的档次、产品的价位，以及渠道网点来说，工薪族与品牌都比较吻合，而且市场也有着更大的发展空间，但该赠品对工薪阶层来说又显得有点不伦不类，不但不能形成吸引力，甚至消费者会因为赠品进而排斥该产品。

事实上，不同行业的经销商对资源的需求会有所不同，如家电经销商需要的资源包括广告、样机、资金、培训、促销等，如何向厂家要更多的资源，也许经销商首先应该搞清楚的是厂家给予经销商的资源的不同形式，然后再对不同形式的资源去积极争取。而按照收入的不同类型，我们可以分为白色收入和灰色收入，对于厂家给经销商的资源，我们也可以做如下类比，即白色资源和灰色资源。

所谓白色资源，是指厂家正规经销商政策中包括的广告、资金、培训、促销等各项资源，这些资源在厂家与经销商签约时，都有明确的规定，并形成书面的协议。正因其比较透明，所以将其归类为白色资源。如许多家电厂家就在经销商政策中明文规定：达到多大销量给予不同价格优惠，以及不同销量，返点的不同层级；在规定时间内打款能获得的折扣比率，以及不同资源给予经销商的形式是现金还是产品。当然这种资源在规定中就资源的多少也有一定的机动性，正因如此，我们也可以把这种形式的资源称之为"白色资源"或"阳光资源"。

对于白色资源，正规的家电厂家都有较强的执行力。如某著名家电企业，在对经销商进行促销赠品支持时，就要求各经销商甚至终端对赠品的流向做出说明，将赠品与不同机型编号对号入座，以防止促销资源的非良性流失。正因为各厂家都强调对白色资源的管理和执行，因此，白色资源相对而言，都能正常到位，但也很难出位，也就是说，经销商也很难从厂家得到额外的白色资源。

对于竞争激烈而又利润微薄的小家电而言，想要获得更多的白色资源更是难上加难。但这正是经销商应该去争取的资源。

灰色介于白色与黑色之间，灰色资源正是如此，它介于白色资源和黑色资源之间。与白色资源相对，灰色资源往往算不得阳光，甚至于游走在规则与法律的边线。如经销商与厂家业务员串通向厂家要资源，而从中获得的资源，往往直接落入业务员与经销商腰包；有些资源在经销商那里通常得不到有效执行，很多时候都是经销商中饱私囊了；还有一部分资源可能就是业务员在开拓市场过程中的人情消费，某小家电业务员在负责某片区招商过程中，与经销商来来往往的人情消费就不下万元。而如果经销商在操作过程中过于激进，灰色收入也就可能出轨成为黑色收入，对于这种黑色资源，厂家深恶痛绝，经销商也是提心吊胆，生怕哪一天被揪出来，"偷鸡不成蚀把米"。但利益常常驱动经销商与业务员铤而走险。

对于灰色资源是否应该去争取，目前尚存在争议，但市场的发展必定会走向更加规范，那么灰色资源也会在市场中逐渐消失。当然，经销商获取厂家资源的前提是选择一个好的厂家。在合作之前，要选择一个有信用、有实力、有市场拓展能力、与自己理念趋同的厂家，一方面确保自己的权益不受损害，另一方面有利于使战略性合作持续下去。

利润对于经营的重要性不言而喻，而有了资源就意味着有了更多的利润，那么经销商要从厂家获得更多资源支持，又应该怎样去练就这门学问呢？这就要求经销商在这种矛盾中去练就向厂家要资源的本事。

第一，将欲取之，必先予之。

理性人都有把自己利益最大化的倾向，"聪明人"都有从别处得到更多好处的情结，作为"人精"的生意人自然在这方面有着更大的兴趣。事实上，许多做生意的道理与做人的道理一样，厂家答应给经销商更多资源，肯定会在经销商能否把这些资源转化成多大的销量，以及这些销量能带来多大的利润之间作考量。既然如此，经销商要从厂家获得更多的资源，就必须建立厂家对给予其资源创造销量和利润能力的信心。

某地级市一豆浆机品牌经销商王先生充分利用其在当地市场的社会资源，帮助厂家片区经理收集当地市场信息，帮助业务员开发当地市场网点，在厂家既有经销商政策条件下，积极深入企业、社区做推广。就这样，该品牌在当地某强势豆浆机品牌的打压下，在销量上不断创造奇迹。

帮助厂家在该地打开局面的王先生也顺理成章地成为该地的总代理，并成为厂家的"金牌经销商"。该品牌厂家将其经销商划分为金牌、银牌、铜牌、新进经销商四种级别，金牌经销商的级别最高，从厂家获得的权利、资源也最多。王先生通过迂回战术，达到了从厂家获得相比其他人而言更多资源的机会。

王先生的例子在其他地方也有一定的代表性，也符合当前许多家电厂家新型经销商管理要求，即厂家要求经销商发挥主观能动性，在当地市场主动营销做市场的要求，而"王先生们"通过深谙"将欲取之，必先予之"道理，从厂家得到不错的回报，并与厂家实现了双赢。

第二，明予隐取。

经销商向厂家申请资源，同样需要技巧，要让人感觉合情、合理、合法。因此，对于厂家的经销商政策及其他市场政策，经销商要在自身严格执行的同时，让厂家看到经销商的严格执行，这可以通过汇报或请厂家派人员监督实现，要让厂家切切实实看到经销商为其付出的努力以及其给予的资源的所能获得的回报，做到"明予"。

上例中的王先生在这一方面同样很有心得，按王先生的话说："我喜欢别人向我汇报，这会让我感觉这个人很重视我，这个人做事很认真，那么我也想我的供应商也有同样的感觉。"这也许是王先生的另一高明之处。

王先生向厂家申请资源时，对事前、事中、事后的汇报很是讲究。在向厂家申请资源前喜欢先向厂家交一份资源使用计划书，如促销计划书的主要内容经常包括促销的背景、时间、地点、形式、预算以及预计效果等，如促销的背景是对抗竞品，还是巩固市场，王先生都会做出详细的说明。

在厂家的资源、政策执行过程中，王先生也常常会请求厂家的人员到现场看看，并美其名曰"指导工作"。资源使用的不同阶段，王先生也会就资源的使用情况定期不定期派人向厂家汇报。个别的特殊情况，王先生还会亲自向厂家做出说明。

在资源使用事后，王先生也会做出资源使用流向表，而对各类广告宣传资源，如刷的墙体广告、拉的横幅以及店面门前使用的易拉宝，王先生也都会派人用数码相机拍下来，然后做成PPT发给厂家，以方便厂家核查对账，让厂家放心，而只要厂家对其放心，厂家的各类资源就不会断流，而且会让厂家变得更加大方。

在对厂家资源的使用做到清清楚楚、明明白白的前提下，向厂家申请资源却要使用相反的手法，当然，这不是要经销商去向厂家大搞灰色资源，经销商的立足点永远只能是白色资源。经销商要让厂家在对资源的使用可能达到的效果进行评估时，感觉资源本身的成本显得微不足道。也就是说，这种资源的使用是会收到相当可观的效果的，投入产出是相当合理的，从而使厂家看到效果，而忘记资源本身的成本，实现"隐取"的目的。

总而言之，向厂家争取资源对经销商而言是一门学问，这门学问有许多可以从做人的道理中借鉴。向厂家争取资源并不是越多越好，也不能是厂家给什么，经销商就要什么，经销商要根据自己的需要量体裁衣，向厂家争取更多合适的资源，而不是让不合适的资源牵着鼻子走，自缚手脚。

无可替代，做厂家区域代言人

代言人是指为某种商品做广告代言的一些明星或者知名人士，也指为某一群体着想的代理人如经销商。经销商能够做一个厂家的区域代言人，由于其得天独厚的区域优势，必将是无可替代的。但能否做一个合格的厂家代言人，其中大有学问。

北京有一家公司是一个综合性专业的铺市代理公司，其消费品网络健全，铺市人员队伍素质较高，物流系统发达，对渠道控制力很强，在北京四环以内掌握2万多个终端零售网点，郊区和郊县也掌握着成千上万个终端直控网点。该公司通过代理厂家产品，成了厂家在北京地区无可替代的代言人。

该铺市代理公司分为两个部，一个是渠道开拓部，另一个是产品代理部。它是由代理商转变而来的，保留了很多产品的代理权，既能赚取利润，也能为渠道的良性深度控制奠定基础，同时在铺市后，若产品走势较好，市场前景可观。他们往往申请代理该产品，因此逐渐形成了一个专业的渠道维护开发和专业的产品代理相结合的商贸公司，二者相得益彰，浑然一体。

这家公司的王老板称："专业的铺市公司，让你的产品一夜之间遍布北京城！"这对于对北京市场规模和战略地位无限向往而又心生怵意的外省企业有着极大的吸引力，对中小企业的感召力更是不言而喻。

王老板基于多年代理消费品如酒水、饮料、方便面等的行业经验，对厂家的利润空间如视掌上指纹十分清晰明了，因此他根据产品利润的不同制定了不同产品结构的铺市价格表。

一般利润较低、铺市风险很小、货款回收迅速的产品，每开一家店要5

元钱，每维护一个月要 10 元钱，包括产品的生动化维护、售点广告维护和张贴等；同时为了激发业务员的积极性，加大渠道的铺市力度和保持合理的铺市货物量，王老板申请厂家每箱货拿出 1 元的利润，或是根据产品的不同属性，制定一个双方都能接受的梯形奖励制度；产品开店以单品计算，一次连铺几个单品费用可打八折，每个铺市单品合同内规定上架数量为中小卖场和超市每百平方米 4 个，千米以上卖场不低于 20 个单品陈列。此外，对于重要的大型 KA 卖场的进店费用，王老板与厂家商定由厂家支付，王老板承诺谈判到最低标准，同时每店收取 1500 元的谈判和物流费用。

王老板这样运作 6 年，他屈指算来，受益颇丰。以前每年靠着庞大的人力物力，几十号人，20 多台机动车，20 多台人力三轮，一年辛辛苦苦下来，营业额只有 1500 多万元，利润区区五六十万元，说出来可能没人信。他的公司自从转型以后，虽然还保留了一些渠道利用价值高或是利润高的产品代理，但基于铺市的要求规模还是没有压缩多少，营业额也少了几百万元，但每年 200 多万元的利润可是让王老板为之欣慰和知足，并言之虽然市场上可接受程度不高，但属于"蓝海"一族，生存无忧，未来也看好。

做厂家代言人的方式，除了王老板的铺市代理模式，还有做促销活动代理等。促销究其本质，不外乎包含四个环节：事前告知活动信息；有趣形式吸引参与；展示产品效果；优惠产品销售。促销活动代理是厂家在促销现场的形象代言人，经销商要想做促销活动代理，怎样结合企业现状、围绕企业资源、区隔竞争对手、针对市场状况，开展行之有效的促销活动？我们来看看周老板的实践。

武汉周老板主要经营休闲食品，产品线主要集中在薯片、瓜子之类，由于产品特性所在，这类产品的线下促销活动特别多。虽说是厂家出钱来策划，但涉及一些终端交涉、具体场地人员安排，还是要周老板来进行协调。时间一长，周老板逐渐对促销活动摸清了门路，从接受读懂厂家的整体策划方案开始，然后根据方案的要求，安排促销人员的招收培训、与卖场的相关人员进行场地档期谈判、器材准备、大型活动的政府部门申办手续，以及在活动开展时的人员车辆调度等。

周老板及手下的员工对促销活动的安排执行流程已经很熟悉了。后来，一些其他厂家的驻地促销主管也过来请周老板帮忙，咨询有关促销活动的安排等。这样一来，周老板就有了新的念头：这个也能赚钱啊！

经过一番调查分析，在充分认识厂家对促销活动的心态和现实状况之后，周老板开始进行有针对性的业务工作了，具体的步骤简分为以下几点：

一是以自己目前合作的厂家为基础，将代理合作厂家促销活动的设计与执行分为学习和锻炼的机会，在现有的员工中建立专业的队伍和相关的系统。

二是将已有的促销活动设计及执行经历包装成案例，并以此对外广为宣传报道，重点向当地的其他经销商介绍，通过这些经销商间接向各自的合作厂家介绍。在向经销商的推荐过程中，还专门增加辅导经销商如何向厂家要促销的技巧内容，这点也是经销商们非常欢迎的。

三是直接联系各厂家的驻地机构，向其推荐这种促销活动的设计和执行外包，也可考虑直接联系在本地有产品的各大厂家总部。

以上说的是大体基本步骤，接下来的事情就是怎么把这个促销外包的具体内容给丰富起来，以书面材料的形式给客户，要让客户觉得可行、看到希望，这样才有可能为下一步的合作打好基础。这样想来，周老板将细节过程做了细致的文字描述，大体包括促销人员的招聘与准备、物料支持清单、执行程度与进度、流程等。他还把自己以前的案例拿出来作佐证，并且注意突出自己的优势要素，比如促销的成熟经验、熟练的人员储备、良好的过程管控能力等。

紧接着，周老板开始拓展促销人员的输出代理业务，而他本人又开始进一步的市场研究，其意图是从取代厂家的促销活动执行工作，发展到取代厂家进行促销活动的设计。到现在，周老板的促销代理公司的年盈利已经突破了 400 万元。

周老板从促销活动的设计到执行，提供全套解决方案，把促销真正当成是一门生意来专门经营，把一般经销商擅长的促销活动向上延伸或者向下延伸，扩大服务的内容和项目。然后以低成本、高速度、专业高效等综合执行优势，完全替代或者部分替代厂家的促销执行和促销管理职能，将厂家的促销支持费用转成利润。

第三章　区域为王观念下的市场误区

已经取得"区域为王"地位的经销商，若无法在短期内取得突围，或者其积累不足以支撑企业的突破，就想当然地选择经营路径，寻求突围的机遇，都是根本不可能的，起码是非常困难的；没有取得"区域为王"地位的经销商，若在市场竞争环境选择了利润导向的战略路径，以攻代守，期待反攻的可能，只能是由于自身的实力不济而落得鸡蛋碰石头的结局。

"区域为王"观念下的经销商由于存在市场误区，他们为此付出了沉重的代价。其警示意义在于：能否走出市场误区，全靠经销商自身苦练内功，同时借助外力，方能立于不败之地。

经销与市场：有经销权不等于有市场权

现在很多经销商经常抱怨做市场是找死，不做市场是等死，而当看到一些年销售额几千万元，甚至上亿元的经销商时，就认为这些人已经占领了市场，应该是个大老板了。在这样的认识下，很多经销商把主要精力用在提升业绩上，盲目地追求销售额的增长。

其实，一个经销商有了经销权，并不等于拥有市场权。在市场上，参与交易的一方，不管买方还是卖方，只要能够影响价格，经济学就认为它具有市场权利。是否具有市场权，不应该以营业额为依据，而是应该以经销商能有效地控制终端为判断标准，这其实是个管理问题。也就是说，只有管理者才能把企业真正做大，才能真正占领市场。

不能够成为管理者的经销商有两种，一种是亲自做市场，事必躬亲，送货收款都是自己亲自做。这样的经销商永远做不大。因为一个人所能直接有效管理的客户通常不会超过 150 个，加上帮手，经销商所管辖的客户通常不会超过 300 个，而且所能指挥及管理的送货车辆一般不超过 3 辆。

另一种做不大的经销商，是诸事不管的甩手掌柜。因为做经销商赚了点钱，把生意托付给家人或亲戚，自己花天酒地。只要能赚钱，市场情况怎么样都无所谓。等到发现已经不赚钱时，市场已经无药可救。

经销商要想走出"营业额高就等于占有市场"的误区，成为一个真正的管理者，需要悟透很多东西。

第一，手里要有好的品牌。

经销商创立自有品牌，要处理好关键的几点：

一是给品牌一个合理的定位。推广自有品牌产品一定要给品牌一个明确的定位，自身品牌和自己所经销代理的品牌的定位最好区别开来，千万不要有直接冲突，否则，很可能就是左手打右手，此消彼长，自身品牌发展起来了，却影响到了所代理品牌的销售，最后经销权被厂家给取消掉。而且，厂家可能会感受到你的发展所带来的竞争威胁，而努力在各方面对你进行封杀，让你的品牌在刚刚起步期就夭折。比如 IT 巨头华旗资讯，在代理美格显示器的同时推出了和美格不同定位的品牌"爱国者"，从而使得事业发展开始迈上一个新的台阶。

二是认清自己的角色。经销商推广自有品牌，从身份上来说，同时是厂家又是商家，所以，厂家和商家的概念要分清楚，操作思路上一定要分开来；

有条件的话，运营的团队也要区别开来。创品牌和做经销，在营销模式上有很多区别，是属于两条腿走路的概念。创品牌本身就属于一项奢侈工程，需要形形色色各方面的投入，回报周期相对也比较长；而做经销，则往往最重要的是配合厂家的营销政策，进行相应市场的运营，很多资源可以来自上游厂方，投资回报期相对也会比较短。

三是学会站在巨人的肩膀上。通常情况下，经销商所经销品牌的上游厂商的实力往往会较经销商更雄厚，对经销商而言，上游厂商可以称得上是巨人。经销商需要善于整合一些在经销过程中积累起来的能共享的有利资源，为品牌的长远发展铺路，比如销售网络资源、物流资源、仓储资源、技术资源、人力资源等。可以在某些方面学习上游厂家的优秀经验，可以充分研究上游厂商的产品技术，可以获得其专业的经营指导，可以从上游厂家物色自身发展所需要的人才。只有站在巨人的肩膀上，才会看得比巨人更高更远。

第二，有一个能征善战的优秀营销团队。

众所周知，一个好的团队是成功的基础，对经销商来说也是如此。那么经销商如何才能打造一个适合市场竞争的优秀团队呢？

一是起一个好听的名字。一个好听的名字，对团队来讲是一个好的开端，就像一个婴儿出生，他的父母亲都绞尽脑汁，千方百计地给他起一个好听的名字，希望他健康成长，平平安安，将来有出息。在战场上，大家经常看到某某尖刀连，某某敢死队，都有一个响亮的名字。所以说起一个好听的名字至关重要，能为今后团队的品牌提升奠定坚实的基础。

二是控制队伍的人数。营销精英团队的人数不宜太多，之所以称得上"精英"当然要少而精。就一般而言，一个中小型企业建立一个全国性的优秀销售团队，大约10～20人。如果人数太多，人与人之间很容易产生各种各样的矛盾，对团队凝聚力有很大影响。很多企业办事效率不高，就是因为臃肿的机构，庞大的队伍，办事情踢来踢去，关键时刻没有人决策，所以处处被动，总是失败。在中小型企业中，官僚主义是千万要不得的，所以中小型企业一定要轻装上阵，才是竞争的优势。

三是选好队伍中的灵魂人物。团队之灵魂也就是领导者，这是一个非常重要、非常关键的人物。他需要得到整个团队所有成员的一致认同。如果不认同，那么灵魂在团队中的威信、名誉将受到挑战，这对团队是非常不利的，一个好的团队是要相对稳定的，所以这个关键人物应当是行业中最优秀的、最有才能的，他的口碑、名声、知识都应当受到广泛认可，是一个有影响力的人物。

四是相互支持一致对外。因为是一个团队，也就是说是一个整体，大家荣辱与共，紧紧抱成一团。如果团队中谁有问题和困难，或者谁受到外部的威胁，遇到危难，大家要紧密团结，相互配合，积极支持，共同完成目标。每一位成员支持团队也就是对自己事业的支持。

第三，有完善的销售渠道网络。

一是对渠道进行梳理。为了使产品快速分销出去，这就要求经销商对市场渠道进行详细的梳理，找到能快速出货的渠道。比如说经销商在当地有比较集中的兽药批发市场，那么可以通过选取几款比较有竞争力的产品通过该渠道迅速出货。

二是开小型订货会。经销商从企业开订货会回来后，也可以考虑开一个针对自己销售渠道的小型订货会，可以与兽药厂家进行联合，通过与厂家的销售人员进行策划，邀请二批或重点零售终端参加小型订货会。这样不仅可以通过订货会快速地把产品转移出去，回笼资金，还可以借这个机会以提升与下游二批、零售客户之间的客情关系，同时也能得到厂家的支持。

三是抓重点区域、重点客户。对于经销商而言，资金回转率是最重要的。在参加兽药企业的产品订货会中，一定要提前做深入的了解，企业这次推广的是新产品还是要消化老产品，然后结合自己的客户渠道群再考虑订货后这批产品针对哪些重点区域和重点客户，只有这样才能通过这些重点渠道与重点客户快速地出货，及时回笼资金，为自己的运营提供良好的资金支持。

四是争取更多的费用支持。相信有很多经销商都有过这样的经历，有些不太讲诚信的兽药厂家在订货会上所许诺的条件或政策会因为种种原因无法兑现，这种情况下经销商切不可干巴巴地等着厂家的支持或者与厂家发生冲突。这个时候最重要的是自己要主动进行渠道分销，尽可能快速铺货，争取消化库存；还要在适当的时候给兽药企业销售人员适当的压力，通过他向公司争取更多的政策支持。这样一来，不仅可以快速出货，回笼资金，而且厂家也乐意支持，从而也提升了自己与厂家的客情。

五是利用网络营销。现在，不仅厂家要建网站，经销商也应该建网站，在经销商经常打开厂家网站的同时，也要让他们来浏览自己的网站。经销商网站可主要介绍自己的主营项目、代理产品、销售网络、仓储设备、运输条件、营销队伍、资本实力及主要优势等情况。这样一来，在一定程度上就改变了被动局面，能主动抓住商机。或许你以前是忙着找产品，选产品，而现在却是产品来找你，因为一旦你的网站通过有效的推广，这些厂家看了之后都有可能主动联系你。经销商在自己的网站上，也可开设一些论坛之类的版块，不但经常可以把自己的市场感言、销售经验和对厂家的反馈意见发布上去，还可以就一些关注的话题和市场焦点与网友展开讨论，全面实现厂商之间、经销商与经销商之间的互动交流，同时也丰富了自己的信息资讯。总之，经销商不论大小，除了搞好自己的市场营销外，还应积极利用网络营销，练好这把"双刃剑"。

总之，经销商必须努力向优秀企业学习管理，向优秀的同行学习管理模式，打造属于自己的品牌，有一个能征善战的优秀营销团队，有完善的销售渠道网络，从而形成自己的核心竞争优势。而有了这个核心竞争优势，也就有了市场话语权。

"夹生饭"：区域市场开拓不充分

"夹生饭"是指饭正做到半生不熟时却没有了火源。具体到开拓市场上，是指经销商对市场开拓不充分，在未清楚调研把握市场的基础上，盲目进入一个市场，而且在市场操作中不能理顺各方面的利益关系，一旦市场有变，经销商欲进无力，欲退不能，陷入困境，不得已放弃已经开发起来的市场。这样的市场再重新开发，往往需要付出极大的代价。

市场做成"夹生饭"的情况一般有三种表现：一种是误判后的"坐以待毙"。当水烧到五六十摄氏度时，声音最响，这时它可能在给人传递一种错误的信号，以为水开了，于是急着把水壶拿走，燃料也不再添加，结果完全是生水而不能喝。具体到经销商做市场时，一开始有的客户兴趣浓，也会有一定投入，经销商看到有人在问、有人在喝、有人在看、有人在找，就以为市场起来了，于是放弃了投入，想坐享其成，结果时间一过，一切又归于平静，冷下来，仍然是"生水"。

另一种是急功近利的"欲速则不达"。有的人当水烧到五六十摄氏度时听到声音了，很高兴，对自己的工作进行肯定，同时不停地添柴加油，于是水温不断升高。但随着水温的不断升高，声音反而越来越小，到 80 摄氏度左右时几乎没有多大声响，此时一部分人会失去信心，觉得没希望，没什么动静，于是放弃投入与努力，结果此水仍不能喝，也就是市场还是没有做成。

还有一种是缺乏毅力的"前功尽弃"。有的人会本能地觉得不服气，因为已投入了这么多，难道就这样没有效果？再努力一把吧！于是不断投入加油，水温也由此不断上升，但越往上走难度越大，声音也越小，等到了 97 摄氏度、98 摄氏度、99 摄氏度时，仍然不会有动静，这犹如黎明前的黑暗。到了最后，由于没能坚持而放弃了。

其实，如果你在水温达到 99 摄氏度时放弃，冷下来仍然是凉水、生水，一切仍然毫无价值；但如果你能一鼓作气，全力一拼，再添一把火，把水温再升 1 摄氏度，达到 100 摄氏度，水就沸腾了，声音会再次响起来。此时即便不添加燃料，冷下来，它就是凉白开，发生了质的变化，饮之无问题。

做市场就像烧开水，水烧开了就意味市场做透了，没烧开而放弃了，就意味着市场只做成了"夹生饭"，吃不得！现在很多经销商的市场开拓行为，都存在这种"夹生饭"的现象，让人觉得十分可惜。

A 企业原来是一家以出口为主的大型肉制品企业，近年开始做国内市场，未来 3 年的目标是做到行业前列。N 市是 A 企业所在省的省会城市，消费潜力大、辐射能力强，而且企业特别看重本企业在省内的影响力，因此，N 市自然被列为 A 企业的战略性市场，第一个销售办事处也就在 N 市设立了，要统一管理除公司总部所在地区以外的所有省内市场。

但一年多过去了，其他起步较晚的省份无论是销售量、销售网络还是产品知名度都有大幅提高，甚至一些不被看好的边远省份销量都日益增长，N 市办事处却不仅销量没有上去，而且经销商换来换去，销售人员流失严重、没有信心，投入产出严重失衡，俨然做成了一锅"夹生饭"。

A 企业把 N 市场做成"夹生饭"，就是"欲速则不达"的表现。由于 N 市场成了"夹生饭"，既浪费了经销商宝贵的市场推广费用，而且市场也做成了"一潭死水"。如果要进行第二轮市场启动，往往需要花费更多的营销费用，甚至不得不面临退出该市场的窘况。

为了走出这种市场"夹生饭"误区，经销商必须充分地开拓区域市场，全力以赴地、一鼓作气地把市场去做熟、做透。

第一，把握市场。

经销商必须对营销节点及市场进程有充分的了解，把握好市场开发节奏、火候，合理进行产品营销推广，才能避免"夹生饭"现象。

一是充分、全面地了解市场。经销商要在启动市场之前进行充分的市场调查，这不仅可以增强对市场的了解、摸清当地的市场容量、进一步锁定消费人群、选择好主推产品，而且可以确定今后的主要走货渠道、选取最有效的促销方法。大体来说，市场调查的内容应包括市场信息、产品信息和竞争对手信息。

二是抓住企业推出更多"接地气"产品的机会。在行业调整阶段，以前的一些老产品显然已经不符合当前形势的发展，就算不是特殊时代，厂家更新换代产品也是常事，只不过现在表现得尤为明显，厂家急切地希望寻找那些在当地网络健全的经销商，通过他们的资源和实力来推广产品。对于经销商来说，这将是一个难得的机会，因为企业在选择经销商时，十分青睐这些地区级经销商，因为这样的经销商在当地酒圈有一定的影响力。经销商也可以借助这些新产品，丰富自己的产品结构，并为成长为大商提供更多的实力和可能性。

三是抓住经销商遭遇市场洗牌后的新的机会点。在调整期，一些实力差，或者只是投机的经销商，会遭遇市场的洗牌。比如那些只是凭借政府关系、开展团购的经销商，他们面对变化，只能选择离开。他们也为其他经销商创造了新的机遇，经销商们可以趁此机会，扩展自己的渠道网络，品牌是可以借助的有力支点。手里没有强势品牌的经销商，代理新品的机会非常多，代理了强势品牌后，可以及时抓住这个机会，拓展自己的客户群体。

第二，贵在坚持。

对于日常管理工作、营销活动等，这些工作是一个系统、繁杂且容不得半点偷懒的细致工作，经销商必须重视并长期持之以恒！坚持就是胜利，许多失败的例子往往败在最后几分钟没有坚持住。如果你没有坚持，那么"夹生饭"的现象也就在所难免了。

第三，确定经营模式。

经销商还要确定经营模式，也就是说要确定主要的销售卖货形式，比如说是做终端，还是社区促销，或者是以批发为主。这要结合自身的经济实力状况和当地的市场状况以及所经营产品的特性来确定。一般来说，商场、超市是民用产品流通的主要渠道，但同时做终端的费用较高，管理的难度较大。而社区直销相对费用少，但推销难度也会大一些。

在经营过程中，要打破"量入为出"的投入方式，新产品推广期最忌讳"量入为出"，而应该做到投入前置，以整体销售目标所规划的投入费用加大比例主要集中在前期使用。否则常规的"量入为出"投入原则很难突破一个市场，"夹生饭"现象就屡见不鲜了。

总之，经销商在发动市场总攻前，一定要充分地调查和论证，并确定自己的经营模式，不打无准备之仗，防止把市场做成"夹生饭"。

战略缺失：再小的区域市场也需要战略

战略缺失是中国企业的通病，经销商自然概莫能外，而且从某种意义上讲可能更甚。很多经销商认为，把货铺满渠道，做好产品陈列，在终端开展导购，再进行消费者促销，这种做法就是策略。其实，招商、铺货、陈列、买堆、导购、试用、特价这些只是工作步骤而已，是战术层面的东西。当经销商把战术等同于战略，把工作步骤当成策略来思考，就陷入了一种误区。他们自以为有策略，其实只是在按固定的步骤行事，所谓的策略始终都是模模糊糊的。

经销商由于战略缺失，他们最终发现，好像该做的事都做了，可业绩就是上不去，当市场出现新情况，根本就找不到有效的方法来改进。这是众多经销商面临的困惑。

闽南有一个经销商接手某企业运动鞋服后，通过"明星代言＋招商"的模式，将摊子铺得很大，曾经显赫一时，只是好景不长，由于后续经营过程中创新乏力，多年陷入停滞不前局面。

2008年北京奥运会后，国内运动鞋服行业进入一个低谷期，该经销商更是如临"寒冬"：一方面，行业内竞品众多，竞争趋于白热化；另一方面，大众消费趋势正在从运动风格转向休闲、时尚风格。在这种背景下，该经销商不得不考虑转型。然而，方向又在哪里呢？该经销商甚为迷茫，陷入苦恼之中。

在当时，"休闲＋时尚"为主流消费趋势，在这一领域已经有了一些强势品牌，任何一个经销商要想赢在其中，最需要的是找准自己的品牌定位。但令人遗憾的是，闽南这位经销商在思维模式上还没有转型，仍然沿用闽南鞋服企业的传统做法，将"明星代言＋招商"的模式奉为圭臬。实际上，所谓"明星代言＋招商"仅仅是品牌推广策略，这无法掩盖该经销商战略的缺失，以至于他对未来感到茫然无措。

闽南经销商的战略缺失很有代表性，同时也具有一定的普遍意义。现在有很多经销商不仅把本属于战术层面的工作步骤理解为战略，而且认为在自己的"一亩三分地"这个小市场，根本不需要什么战略。他们常说："我们没时间也没钱去制定战略，我们要先解决生存问题，先生存后发展；我们的资源那么少，能力那么弱，资源和能力是明摆着的，战略怎么谈呀？再说了，区域市场瞬息万变，市场要素千差万别，计划赶不上变化，你的战略能解决什么？"这种论调，使得战略无用论、战略失效论甚嚣尘上。这其实是经销商更深层的战略缺失误区。

事实上，经销商在区域市场最需要的是战略，换言之，再小的区域市场也需要战略。这是因为，不管什么市场，作为一个经营者都必须将其纳入战略范畴，只不过因战略设计不同而资源配置不同而已。很多经销商就是因为没有战略，眉毛胡子一把抓，最后抓来的不是他想要的；因为没有战略，光顾扩张不顾盈利，最后在漂亮的业绩背后隐藏着巨大的亏损。

区域市场战略不是解决市场计划问题，更不是解决随机应变问题。区域市场战略要解决的是区域怎么持续赚钱的问题。要让区域市场持续赚钱，就必须抛弃那些错误的做法，要有新的思路，在区域市场制定好战略。

第一，重点研究竞争环境和竞争对手。

不少经销商研究区域市场，愿意在一些无关紧要的事情上费心思。比如这个区域的总人口是多少，有多少地、县级市，去年的 GDP 是多少等。看似很卖劲，实际是徒劳的。区域要研究竞争，研究竞争环境和竞争者的一举一动，借此获取竞争的制高点，从而避免产品"哪儿都有，哪儿都不强"现象。

比如，要研究产品在该区域处于什么样的竞争状态，是无序竞争还是有序竞争，直接竞争对手有哪些，他们的市场地位如何，还有什么替代品或潜在的进入者，他们在什么地方造成最大威胁等；竞争者研究则更具体，最直接的对手在干什么？在产品、价格、渠道和宣传上有什么独到之处？我们如何打击它才能赢得主动权？打正规战还是游击战？打到什么程度成本和效率最佳等。

第二，合理把握区域性产品的开发。

区域性产品是当地消费者喜好的产品，是被某一地区认可的产品。经销商能够开发出区域性产品，对自己的发展无疑是大有利好的。有家代理香辣牛肉面的经销商，在华北、西南和华南地区的经销效果一开始不太理想，因为各地口味不同，在西南地区又辣又麻，而在华北地区却淡了很多。后来该经销商据此进行了调整，调整成本也没增加太多，但调整的结果却更好地满足了不同区域消费者的要求。因此，在区域市场，对产品的共性和个性问题一定要把握好，既不要千篇一律，也不要千差万别。

另外，满足个性化需求，除了考虑成本、效率外，还要考虑品牌定位和行业属性。因为，再好的需求如果与自己品牌定位和所积累的行业经验相违背，就不能随意满足。

第三，进一步优化运作模式。

经销商在区域市场的运作模式应该包括三种：产品流模式、资金流模式和信息流模式。产品流模式主要包括直销、代理和联合办公等。模式选择时要考虑企业对这个区域的定位、目标销量、技术难度、顾客对服务的要求等。比如，对这个区域的定位是近三年不会大规模进入，且目标销量较小，最好采用代理制，没有必要直销；而对这个区域的定位是成为前 3 名，进而成为老大，则应采用直销或联合办公模式。

资金流模式相对较简单，主要包括现款现货和先货后款。对于不同的企业和客户，这两种模式的采用也有所不同。如果全部是现款现货，风险可能很小，但会丧失很多销售机会；如果全部是先货后款，销售机会倒抓住了，但风险太大。不管怎么说，对厂商来讲，高效的资金周转是关键。因此，很多经销商设所谓的营销财务来解决这个问题。

信息流模式则是很多经销商容易出问题的环节。主要包括行政文件上传下达模式、市场信息反馈模式和共享模式。经销商往往因断货、价格混乱、对竞争对手不了解等问题头疼，但却很少审视这些问题的根源是什么。其实就是信息沟通不畅。很多经销商也采用办公自动化、进销存网络化等方式促进沟通效率，但对那些垃圾信息、虚假信息，还是束手无策。要从根本上解决这个问题，必须建立一套完善的信息沟通机制，用流程和制度来确保其效率。

第四，品牌传播的推拉要均衡。

不少经销商有一种错误认识，品牌传播工作就是市场部的事情，在 CCTV 打打广告，做些统一的 POP，再开发些赠品，然后传播就 OK 了。其实对区域市场尤其对重点市场而言，传播的"推"和"拉"的均衡性是非常重要的。光"推"不"拉"，品牌越来越暗；光"拉"不"推"，销售越来越淡。所以，不要忽略这两种力量的结合。当然，根据经销商实力的大小，推拉战术的采用也有所侧重。

"推"是把产品推在中间商的心坎上，主要是销售人员的事，包括价格政策、促销保证、服务承诺和季度、年度奖励等。"拉"则是把消费者的心拉到我们产品上，主要是市场人员的事，包括广告、公关、促销、贴身服务等。"拉"是诸多经销商要突破的点，不要陷入区域性促销活动的"无政府"状态。

第五，注意掌控生存发展的命脉要素。

作为经销商，有一些关键环节必须时刻把握住，这些环节有些看似并不十分重要，但忽视对其的掌控后果将非常严重。以价格体系为例，有时为了完成任务或见市场低迷时，放松了价格管制，可一旦开了这个口，就很难再规范，极易引起渠道内巨大的负面后果，甚至厂家也会加罪。所以，严管价格体系不仅是厂家的事，经销商为了自己长远的利益也要严格管理。再如厂家与经销商都很头疼的窜货问题，经销商发现后多是委屈地向厂家举报，等待厂家出手。其实，防范或打击窜货时经销商应主动出击，拥有防御能力与敏锐的应对速度，远比等待厂家解决问题的效果要好得多。

总之，对于具有营销功能的经销商而言，战略缺失是严重的错误，会导致其无法解决经营中的根本问题。经销商的战略不是空洞的，它是以问题为导向的，只有在制定和实施战略的过程中重视经营过程中的根本问题并主动应对，才能长保领地的安全。

协同不足：与周边区域市场缺乏联动性

现如今的市场竞争残酷，随着区域市场的迅速开发，区域营销的竞争已经由过去的某一节点上的竞争，升级到整个价值链营销的竞争。价值链营销是指企业提供对顾客有价值的产品或服务的一连串"价值创造活动"，其核心要素是让顾客满意。显然，以产品营销为主要功能的经销商处于价值链营销中的重要环节，这就要求其具有很强的协同作战能力。但遗憾的是，作为处于价值链营销重要环节的经销商，整体上协同运作能力不足，在运作过程中没能建立起良性发展的销售体系和完善稳定的盈利模式，有很多人甚至最后走向了失败。

某著名白酒品牌郑州经销商赵老板，现在已经是代理三家白酒和一家国外葡萄酒品牌的经销商，早在3年前，他已经实现了公司化运作。可随着生意越做越红火，他感觉资金的缺口越来越大，最近，他想代理一款保健酒，可周转资金的紧缺，让他壮志难酬，资金"瓶颈"成了阻碍他发展的最突出问题。

其实，资金是各类生产企业老板共有的心病，经销商也不例外。资金短缺表面上看是缺少资金，其实在其背后缺失的是战略联盟意识缺乏。不少经销商在市场操作过程中，总是以健全的网络、周到的服务、雄厚的实力为"重磅炸弹"，想单凭一己之力包打天下，认为自己健全的网络可以确保渠道通畅，周到的服务可以使客户死心塌地，雄厚的实力可以为客户提供资信支持，结果还是失败了。

经销商不知道合作也会创造机会，不清楚联合也是赚钱之道，不能够进行资源互补或整合。类似的现象还反映在：经销商不把零售客户的利益维系在一起，不把下游当作自己的分支机构进行打理、经营，下游客户的资源利用价值不能被完全挖掘出来，经销商不知如何试着来管理经销网点，不能与经销网点在人力、物力、资源上形成一个利益共同体，不能充分利用集体力量，与一些没有利害冲突的伙伴合作形成品牌联盟。总之是由于协同能力不足，因而各自为战，缺乏整体性规划，与周边区域市场缺乏联动性，使资源优势没有充分聚集起来，产生更大的竞争力。

进入 21 世纪，全球企业将朝着互补、整合、共赢的道路发展。未来渠道各成员进行合作共赢、优势资源互补，是合作的价值基点。经销商在发展自我的过程中，只有提高协同能力，通过资源互补的协同作战，用人之长，补己之短，才能提高自己在行业中的地位，最终赢得市场，实现共同发展。

作为一个敢于成功的经销商来说，需要培育起一批能够协同作战的核心分销商来。对于一个区域性市场来说，经销商就相当于夏王朝的天子，分销商就是割据这个区域市场的各地诸侯。当有"外敌"或出现"内讧"的时候，夏天子就要善于率领核心的诸侯一起"抵制"或"平反"，以保"江湖地位"和各诸侯的切身利益。同时，经销商也要善于与核心分销商一起分享战果，那样他们才会更"死心塌地"地追随你。其实这种分享很大程度上就是让利，就是把从与"外敌"或生产企业手中取得的利益拿出一部分来"奖励"给核心分销商。

当然，培育能够协同作战的核心分销商是所有经销商的一致愿望，但这也只是协同作战的一个方面，厂商联合、自主发展和商商联合，也是经销商发展壮大的方式。但问题的关键在于，所有这些方式具体怎么操作，还需要经销商根据自己的情况而定。而经销商又是一个很大的群体，不仅规模不同，经营理念和经营方式也各有不同，因而形成了小型经销商、区域强势经销商和大型经销商 3 大类。那么，对于不同规模的经销商来说，究竟通过怎样的协同方式进行市场联动呢？

第一，小型经销商的纵向联合和横向联合。

如果把经销商群体按金字塔形状排序的话，那么处于底部的大多数小型经销商可以说现在还活得下去，其生存方式主要有三种：一是散落在批发领域做大流通。这类经销商面临的最大问题在于，在批发市场萎缩的情况下，如何寻找新的利润来源？二是拥有一定网络，什么好做就做什么，既做小品牌总经销，又做大品牌分销商。由于采取游击作战的方式，不能获取持续利润，是这类经销商最头疼的问题。三是有人脉关系，经营以团购为主。这类经销商比前两类经销商活得滋润，目前也是很多中高档厂家青睐的对象。

对于做大流通的经销商来说，要想活得更好，有两个发展方向：一是纵向联合，控制城区便利店这样的小终端；二是横向联合，增强自己的物流能力，做专业大流通商。对于有网络有人脉资源，以团购为主的经销商来说，需要做好服务，继续巩固自己的优势。

横向联合是经销商和经销商之间的联合，是商商联合方式，它是中小经销商壮大实力的办法，也是有效抵减市场过分竞争的办法。横向联合首先需进行产品代理方面的整合，把以前分散的进货渠道统一起来，以统一的合约形式固定下来，把产品与销售模式结合起来才能保障经销商最终盈利，毕竟利润才是合作的根本保障。

纵向联合是经销商和生产厂家的联合，是厂商联合方式，它是中小经销商依托企业实力发展壮大的办法。因为这种联合是按产业链的方式自上而下进行的，所以也有人将它叫作垂直联合。由于大家同处一根利益链条上，厂商间的纵向联合倒是比横向联合要容易得多。

第二，区域强势经销商的跨区操作及经销商联合。

处在金字塔腰部的是区域强势经销商，可以说活得比较好。他们的共同特征在于，手里有强势的品牌，有自己独特的盈利模式。这部分经销商的发展"瓶颈"是维护区域内的终端，导致销售成本上升；占有大量优秀品牌，使资源分配成为难题；引进职业经理人，但权力如何下放是个问题。

可以说，经销商从百万元到千万元的销售额突破很容易，但从千万元到亿元突破就很难。如何突破发展的天花板，是区域性强势经销商面临的最大问题。这类经销商要实现自身的突破，大致有两种方式：一是跨区操作，成立分公司以突破区域限制。很多区域强势经销商都采取这种策略。二是通过区域经销商之间的联合，获得更多的市场资源。在长期的市场操作过程中，区域强势经销商逐步树立了自己的领导地位，对下游分销商有很强的吸引力，使得区域联合成为可能。从总体来看，区域强势经销商的跨区操作及经销商联合，最能体现与周边区域市场的联动机制。

第三，大型经销商的多元扩张和务实企业基础。

处在金字塔尖部的是大型经销商，现在行业内称之为"运营商"，因为他们已经超越了产品代理的范畴。

他们的方式是自主发展，一方面继续扩大自身运营平台，另一方面向多元化方向迈进，成为综合性贸易企业。对他们来说，让企业活得更久一些是最重要的问题。也就是说，他们应该加强与厂家的协同，实施企业化管理，构建自己的企业文化，让自己获得长久发展。大型经销商的务实企业基础，同样体现了一种联动机制，这种联动是与厂家共同完成的。

总之，各类经销商不仅需要发挥自身优势以稳固立足和发展，更深远的意义则在于提高协同能力，把握契机，联合作战，推动区域市场联动发展，加速区域市场职能部门运转，这样才能走出误区，实现优势互补，才能真正应对市场竞争。

值得一提的是，经销商的合作肯定会遇到相当多的问题和阻力，困难会相当大。除了利益引导之外，对理念和具体操作方式的磨合难度也要有充分的考虑。这个过程可以考虑引入专业人员从专业的角度来反映趋势，引导思维转变。

营销乏术：没有成熟的营销模式可复制

随着社会的进步和市场经济的快速发展，消费群体呈现出多元化趋势，区域渠道的作用变得越来越大，在日益激烈的区域市场竞争中，许多经销商越来越深刻地感受到，传统营销战略能够发挥的作用不如从前了。经销商营销乏术，一方面是因为缺乏创新营销能力，另一方面又因为没有成熟的营销模式可复制，导致在区域市场竞争中步履维艰，有的甚至淡出人们的视野。

老刘是一家建材企业的经销商，在七八年前，来他这里买建材的顾客大多数因为家里装修，所以在买瓷板、瓷砖时都比较在意产品功能，如耐用、易清洁、防滑和抑菌等，追求物美价廉的高性价比。有一次，老刘用 26 万元从厂家购进的建材，不到一个月就卖完了，获利颇丰。

在当时，大部分生产厂家的产品比较简单，主要以实用性功能为主。老刘经营的产品虽然和其他经销商经营的产品的同质化程度挺高，但他的进货渠道有别于旁人，他和厂家的关系很"铁"，厂家看他的销量大，所以给他的价格是厂里最低价，老刘也因此在出售价格上很优惠，令别的经销商望尘莫及；加之老刘旺季促销活动搞得好，所以实现了广域覆盖，销售量大增，利润相当可观。

但在七八年后的今天，老刘的顾客人群发生了巨大的变化：一是要结婚的"80后"、"90后"年轻人多了，他们不但关注产品的品质和功能，而且强调风格要个性和时尚化，不但要服务便利，而且还要价格合理；二是买第二套房、消费要升级的"不差钱"的中年人多了，他们不但要求产品品位与档次，更需要全方位的贴近服务。在这种情况下，老刘原来简单依靠"低价格、高促销"的营销模式失效了。

面对眼前新的变化，老刘积极和厂家协调，力争以最低的价格进货，但厂家由于原材料成本和加工成本增加，最后价格问题一直没谈下来。怎么办呢？老刘一时没了主意。

老刘的例子说明，经销商的营销模式阻碍了赚钱。新经济时代的到来，使很多竞争方式面临改变，经销商的营销模式也将发生变化。经销商继续沿用传统的营销模式就会陷入困境，在未来的竞争中失去优势，甚至难以维持生存。

目前，经销商营销模式在发生着转变，其发展趋向主要有：从产品的暴利转向产品的微利；从交易利润转向服务利润；从产品本身利润转向促销服务利润；利用自身商脉承包企业市场费用赚价差；从中间商转向上游供应商，赚取上游利润；从中间商转向渠道配送商，赚取渠道资源服务费；从中间商转向下游零售商，赚取终端利润；跨品类经营、跨行业经营等多元化经营。如果经销商不根据自身特点做出相应营销思路的转变，实施差异化的行销盈利模式，经销商赚钱的路径就会越来越窄。

理论上的营销模式有体验式营销、一对一营销、全球地方化营销、关系营销、品牌营销、深度营销、网络营销、兴奋点营销、数据库营销、文化营销、连锁营销等。但万变不离其宗，以客户而不是以自身为出发点，以一整套的服务与解决方案而不是以单纯的产品来满足消费者的最终需求，提升客户价值，进一步革新商业模式，应该成为每一个经销商的目标。而完成这一整体转变，经销商可以通过厂、商一体化营销模式来实现。

简单地说，厂家的核心价值在于"营"，重心是产品研发和品牌推广；经销商的核心价值在于"销"，重心是做好仓储、物流和促销等销售方面的工作。经销商可以采取6种厂商一体化营销模式，如表3－1所示：

表3-1 经销商可采取的厂商一体化营销模式

营销模式	营销模式释义
组合式销售公司	经销商与厂家共同组建销售公司，是厂商联手打造共赢平台的一种方式。通过这种方式，促使厂家和经销商两个不同利益关系的实体在风险共担和利益共享方面基本上重叠在一起，理念和向心力聚集在一起，真正体现出厂商高度一体化。厂商共建销售公司，因为双方思想统一、目标共同、行为一致，所以更加容易实施深度合作，更加容易共同提高管理水平、经营水平、盈利能力等，彻底解决、避免诸如窜货、倒货等市场运作困惑与难题
联销体模式	联销体营销模式首创于娃哈哈，它的核心思想在于：厂家掌握主动权，让利的同时对经销商严格控制。娃哈哈联销体建设主要包括四个部分：其一，实施保证金制度，经销商必须按年度缴纳一定的保证金，进货一次结算一次，娃哈哈则提供更多优惠，如高于银行存款利率的回报，对经销商销货指标，年终返利，完不成任务者动态淘汰。其二，着手实施区域销售责任制，使经销商、二批商各得其所，互不侵犯对方的业务范围。严格划分责任销售区域，努力消灭销售盲区、杜绝窜货现象。其三，理顺销售渠道的价差体系，明晰经销商、二批商和零售终端的利润空间预期，同时实施利益的有序分配。其四，建立专业的市场督导队伍和督导制度。娃哈哈的宗庆后制定了一套销售业务员工作规范，并建立了一支市场督导巡检队伍和督导巡检制度
联营分厂模式	所谓联营分厂营销模式就是厂家和经销商共同在经销商所在地创办分厂，转变经销商单一角色定位，变单一经销厂家的产品，为销售"我们"的产品，抱团"打天下"，从而风险同担，利益均沾，起到共赢的良好效果。当然，经销商在购买厂家的品牌使用权进行OEM生产也是一种一体化的模式
协同营销模式	它是以厂家为上游供应商与下游的渠道合作商之间通过各自资源的互补达到推动市场网络快速扩展的目的，协同进行营销传播、品牌建设、终端建设、产品促销等方面的营销活动，以达到共享营销资源、巩固营销网络目标，实现厂家与渠道经销商紧密合作，多方获益的一种营销理念和方式，它整合了厂家与经销商之间的资源，改变了经销商单打独斗拼市场、拼资源的局面，厂家参与经销商的市场运作，经销商在厂家帮扶的情况下做市场
配送式营销模式	采用营销网络通路整合方案来优化销售渠道，将经销商变为配送商，实行"一级调控、二级配送、服务终端"的科学分销模式，即以市场为导向，重新定义客户概念，对渠道进行优化，实行调控配送和服务为一体的科学分销模式。经销商通过物流配送平台，打造跨区域的物流配送体系，对经销商增强其盈利能力具有积极意义

营销模式	营销模式释义
伙伴式营销模式	以经销商为主体，厂家为辅体，共同经营市场。这种营销模式，就是厂家把公司的经营平台前移到市场中，将复杂的事情简单化，将所有诸如推广、促销、售前、售后等市场资源前置给中间的经销商，建立起快速反应、迅速决策的市场机制。这种营销模式改变了传统的以厂家为营销主导的操作习惯，使身处营销一线的渠道经销商成为渠道深化的有效支持和服务平台。经销商能够因地制宜、有效合理地使用资源，并形成市场动态快速反应的有效保障

上述 6 种厂商一体化营销模式是经销商可以复制的，可以帮助经销商摆脱营销乏术的困扰，在新的形势下获得生存和发展。每一个营销模式的成功运用都有它特定的背景和条件以及要达到的目的。营销模式的核心在于如何去执行，把一个好的营销策划案执行到位，取得最大的营销效果，就是最好的营销模式。当然，任何模式都是以消费者需求为导向的，而满足消费者需求，是新时期经销商的根本。

第二部分

区域精耕：市场开发与创新

第四章　区域市场开发战略思维

拓展区域市场对每一位经销商而言，不亚于打一场关键的战役，成功，将对全局性的胜利奠定坚实的基础；失败，则将留下巨大的市场隐患，甚至因此而损兵折将，丧失东山再起的机会。运用战略思维开拓区域市场，对经销商来说至关重要。

经销商开拓区域市场需要的战略思维，涉及资源配比问题、选择渠道问题、网点建设问题、流程化管理问题，以及在规模化经营中提升销量等问题。运用战略思维解决了这些问题，就能在区域市场开拓中赢得客户、赢得消费者、赢得市场。

区域市场突破核心思维：优势资源配比原则

资源的稀缺性与需求的无限性，始终是区域经济发展面临的一大难题。随着区域经济的迅速发展，资源的有限性要求人们不得不认真面对优化资源配置的问题。作为主营区域市场的经销商，如何遵循优势资源配比原则，是其突破核心思维的重要能力之一。事实上，经销商如果善于整合配比资源，资源就会向优质经销商聚焦。

张先生是重庆市的一个快速消费品经销商，操作 A、B、C 三个批发市场。为了有效使用资源，他对三个批发市场进行了全面而深入的分析，然后分别采取了不同的生意策略。

A 市场的消费能力较强，这里虽然是新开发的地段，但基础设施已经相当完善，居住人群以年轻人为主，比较容易接受新的事物，人均收入也较多，可能更有销售潜力。据此，张先生决定采取的生意策略是争取新的目标顾客群，先投一点费用在当地人流量较大的 KA 卖场上，派驻促销员促销，拉动消费。张先生认为，先占领那儿可能会扎下根来，这种做法也给自己构建的营销网络中的其他零售网点做一个示范，便于向其铺货，省下一些进场费。

B 市场是张先生目前投入和产出都比较理想的地方，因为这个地方是他起家的地方，有相当稳定的顾客群，所以这个月要继续在这一块市场进行投入，以争取最大可能的销量。在相当长的一段时间内，B 市场要重点去经营。

C 市场会比较占用资源，因为张先生进入这里的时间较晚，还没有稳定的顾客群，所以应该考虑从周边市场做强，来影响到 C 市场的销售。

张先生在决定资源投入时，根据统计数据，摸清楚目前生意是从哪些渠道产生的，竞争对手的销量是由哪些渠道产生的，这样比较容易决定资源应该向哪里集中。找出来之后，应该把资源向销量的重点进行集中。比如，在全渠道的商品流转速度有无加快？这个可以从生产日期上看得出来，也可以从分销商、零售网点那里了解得到。如果明显加快了，那么对 C 市场应该再加大资源把市场做牢固。同时应该分析，前期在这里的销售是什么带来的，是促销还是新增加的目标顾客，还是老顾客购买的量增多了？这些因素都是直接关系到张先生这个经销商对资源的投放。如果是有促销才有销量，促销一停，销量也下降，那么，这种投资显然是危险的；反之，则应该加大投入。

通过比较，张先生对资源投放策略更加清晰，生意策略也更加坚定了。为了落实资源配比计划，他开始了具体的实施步骤。在内部资源的使用方面，一是花大力气建立策略分销网点，这样容易起量，而且比较持久。先找出目标小区，之后对小区附近的几种终端进行重点覆盖，如士多店、专卖店、奶站、水站、早餐网点、面包店、社区商超。这种小区包括目标居民小区、学校、购物街等目标消费群体的主要活动区域。二是采取促销方法，如整箱促销，就是要主抓走量的促销方式。

除了将自己内部的资源用在刀刃上的问题，在实际操作之中，更见水平的是有效地调动公司以外的资源。在这方面，张先生很有经验。他曾经操作过一个市场，一开始把人、财、物向市场容量较大的人群聚居地集中，花了很多的钱，但是由于品牌在当地的知名度较小，市场久攻不下，在这里耽误了几个月。后来他静下心来，仔细分析销售数据、历史市场活动的记录等，然后把注意力停留在离此车程半个小时的一个地级市场，他的产品中有一种在此地就销售较好。在亲自考察后，他决定把销售重点放在这个地级市场，于是集中手头上的资源，不断地发展销售网络，拓宽销售渠道，稳定市场价格，优化品种结构，使这个地区的销量节节上升，品种结构突破了以前单一的品种，开始发展一些利润较高的产品，还开发了两家二级批发商，市场基础越来越稳固。

经验告诉张先生，一个区域市场应该从何处下手，关键是看在哪一块可以迅速取得成功，并且将这种成功可以稳固下来。这个可以提高操作的自信心，拥有一块放心的地盘，有了稳定的销量来源，再去开拓更广泛的地区，就不会有太多的顾虑。

从公司里面要资源，是一种本事，从公司以外要到资源，是一种大本事。最顶尖的经销商往往会通过种种手法，尽一切可能从两方面调动资源。外面的资源是哪些资源呢？张先生的做法是，以一次进货的方式，整车从生产厂家进货，这就使物流费用省下来了，而且由于进货量大，还从厂家方面争取到了一些资金。

张先生的经历告诉我们，经销商优化区域资源配置，需要综合考虑哪些是生意的重点，从渠道上进行分析，哪些渠道是目前最容易产生销量的地方，哪些是占用资源，一时又不见显效的；哪些资源可以调用，哪些产品投入一点资源就可以有明显的销量；哪些人员可以比较善于利用资源。这样一条一条分析下来，心中自然会形成资源投向的方案了。

遵循优势资源配比原则，一般由两个步骤完成。第一步是对区域优势资源利用进行合理性分析。所谓资源的合理性分析，包括对资源利用的有效性、有偿性、科学性、经济性及综合性等的分析。经销商对区域内各项资源尤其是优势资源的利用，都要经过充分的合理性分析，确定如何配置各项资源，才能尽可能地发挥出区域优势，实现最优效益，确保区域内每项资源都能够得到最有效、最科学、最经济，并且最合理和最持久的利用。

第二步是对不同产业部门之间的资源配置。区域内的资源是共享的，即便是不同产业部门间的资源，也可以依据各自的优势和需要，来组合各部门间的资源和生产要素，提高生产效率，实现最优生产。资源的共享性，要求经销商以最大化区域优势为原则和前提，把区域内相对稀缺的资源综合起来，根据资源本身的特点和区域经济发展的需要，优化配置各种可利用的有限资源，实现区域资源的优化配置，以求整体的稳定和持续发展。

总之，一个经销商在区域中优势的大小，取决于他对区域优势资源的有效利用程度，因此要充分发掘自身所具有的潜力和优势，根据资源的特点和市场的需求，合理分配有限的资源，尽可能地减少资源浪费，提高资源的利用率。遵循优势资源配比原则，是主打区域市场的经销商一种思维的突破，从实际出发，科学地优化资源配置，发挥比较优势，可以稳固在区域市场的地位，也能够促进区域市场经济的高效发展。

资源聚焦化：集中胜于分散原则

意大利经济学家维弗雷多·帕累托有一个"二八定律"，也叫巴莱特定律、最省力的法则、不平衡原则等。大意是说，80%的价值是来自20%的因子，其余20%的价值则来自80%的因子。因此，只要能控制具有重要性的少数因子，就能控制全局。这就是聚焦思想，它被广泛应用于社会学及企业管理学等领域。

聚焦思想用在企业经营上，是指一个企业在市场的占有率，并不一定是整个市场，而是在局部市场，做好局部市场可以造就垄断地位。比如经销商在自己经营的区域市场上，必须先将自己的市场界定得足够小，然后在小的市场当中就是强者。假如分散精力做更多的事，不仅做不好，还极有可能因此导致彻底失败。经销商要想集中做好一件事，就要使资源聚焦化。资源聚焦化旨在强调"集中胜于分散"，它是一个经销商做大做强应该遵循的普遍原则。

一般来说，经销商的资源包括产品资源、渠道资源、人才资源等。这些资源如何应用，如何有效投入，是决定经销商未来前途的关键。从实践经验上看，经销商如果能够做好产品聚焦、渠道聚焦、投入聚焦、人才聚焦，就会最终实现"区域为王"。

第一，产品聚焦是经销商锋利的武器。

2012年，木门行业的原材料、人工、运输物流、仓储、店面租金等各项成本纷纷上涨，但同时市场惨淡，消费需求被抑制，进一步加剧了市场各品牌的价格拼杀，市场越发难做，经销商经常一周都接不到一个进店订单，甚至引发品牌专卖店在各大卖场的"撤场潮"。冷！这是很多木门企业和经销商对 2012 年市场的普遍感知。针对这一情况，各木门企业使尽浑身解数，抵御市场寒流。"活着便精彩"成了当前不少厂家的口头禅。

作为中国木门领军企业、长三角木门品牌的代表——永保名门通过"聚焦"战略正铆劲发力，在全国各大城市"攻城略地"，趁着市场低迷迅速低成本扩张，进一步抢占市场份额，推动木门行业的整合和资源的优化配置。

针对经销商仅靠木门难以支撑单店运营成本的问题，永保名门从提高经销商单店利润来源出发，通过多年积累，不断整合现代化家居生活理念，引进国际先进的制木技艺，逐渐走出一条集木门、木饰面、木吊顶、木家具多元化产品为一体的"整木家居"模式，以标准化的流程体系，为消费者提供数百种个性化方案，打造原生态整木家居生活。

这一产品相关多元化的发展模式，能够有效降低渠道成员店面租金的单位分摊成本，增加店面的利润点，从而增强渠道成员的单店盈利能力，也大大增强了其在大环境不景气的市场环境中抵御风险的能力。

永保名门通过产品聚焦策略，实现了资源整合，累计和放大了资源特有的能量，并同时全面激发了品牌的能量。

第二，渠道聚焦可以帮扶经销商做精渠道。

销售渠道建立不起来，经销商经营的产品就无法送到消费者手中。因此，聚焦渠道是经销商做规划时的重中之重，它对整合渠道资源、降低经销商经营成本、提高经销商竞争力具有重要意义。

老赵是某厨卫家电企业在河北省区的一个经销商，他为了顺应渠道变革，革除窜货、倒货、低价销售等不良现象，率先在其管辖的河北区域推行了在快消品行业较为风行的渠道联营体模式。

联营体最早是工程建筑业的一种组织形式，在法律上已有十分规范的界定，后来被其他各个领域借用。老赵推行的联营体是厂家与经销商将各自的优势资源结合起来，共同在经销商当地成立一个相对独立的销售机构，一起来运作区域市场。它指以产品或者品牌为龙头，以资产为纽带，以分销利益为导向，以服务为后盾，以组织作保障，构筑起来的厂家、经销商与分销商紧密合作的销售联合体。

通过一年的运作，老赵的渠道联营体模式不仅保证了企业的产品在销售过程中价格稳定、秩序井然，而且还让渠道成员达到了一体化、良性运营，使营销价值链很好地传递下去。

市场越是不好做，越要帮扶经销商一起渡过难关。比如，上例中的永保名门是行业内少数几个拥有健全营销服务组织的木门品牌之一，配备了一支专业化优秀木门助销团队，全程帮扶经销商实现从选址建店、装修出样、导购培训、开业促销到终端管理、团队建设、渠道拓展、售后服务支持等在内的全面提升，从系统上保证专卖店网点的综合质量与核心竞争力。

另外，在资源支持上，永保加大投入从品牌支持、产品支持、终端建设支持、促销与广告支持、培训与管理支持、售后服务支持和年终绩效奖励支持7个方面提供全力支撑。参与的经销商在预知投入的情况下有预期的产出，也锻炼了组织促销活动的信心和能力。

第三，投入聚焦帮助经销商适应新形势。

现在，行业结构在调整，渠道在细分，电商渠道在崛起，在这种形势下，大多企业会提出"全网营销"的口号。在线下，发展立体渠道、专业覆盖、全网营销、立体协同；在线上，以垂直电商、平台型电商再加上第三方倒流等形式，进行全网推广。企业整合线上与线下，以O2O模式进行运作，从小、散、杂，转向大、精、专。在这样的形势下，很多经销商的市场投入越来越高，产出却越来越小，经营费用也不见下降。出现这种情况，很大程度上是因为在转型方向及具体策略上出了问题，换句话说，就是没有做好投入聚焦。

经销商聚焦投入，可以从这几个方面入手：一是重视终端建设与维护，着重加强对亮点终端的打造，选择在重点区域、核心商圈、关键门店和街道社区进行强势运作，压制主要对手，获得第一位势。二是梳理产品结构，明确在自己的产品体系中，哪些是跑量的，哪些是挣钱的，哪些是树立形象的，哪些又是黏住终端客户的。针对新一代主流消费群体和当下市场环境，选择主流消费产品，代理一些品牌性、差异化的产品。三是基于渠道规划明确二批商定位。当下不少经销商简单依赖于二批商进行产品推广，实际上这样的营销模式是错误的。经销商需要牢牢把控重点终端，配置足够专人专车，达到终端覆盖和维护标准。而在周边区域和细分市场，比如说 KTV、校园、火车站等难以顾及的特通渠道，则交由二批商操作。四是贴近传播。对于大部分企业而言，大多地面推广活动主要由经销商主办，包括活动策划、执行及后期跟进。之后，企业会结合活动效果，给予适度报销。因此，如何将产品推广效果最大化，成为经销商普遍关注的问题。针对于此，经销商需要避开盲目打广告，以鲜明的产品诉求，结合热点主题，借势进行立体传播。

第四，人才聚焦帮助经销商留住人才。

谋事在人，成事也在人。人才富国才会富！经销商在运作区域市场过程中所遇到的诸多难题，其解决之道最终都要回归到一个人才的问题。

经销商李总最近异常苦恼，新招聘的主管酒水的销售经理，干了不到3个月就"脚底抹油——溜了"。而经他亲手培养起来的几个业务骨干，现在也越来越不听话，要求得稍微严格一点，他们甚至就想"撂挑子"。空降的不好留住，自己培养的，一旦翅膀硬了，总想着"孔雀东南飞"。针对此情此景，李总烦恼不已。

类似李总的用人困惑，很多经销商对此恐怕都深有体会。的确，不论经销商规模大与小，用人都是少不了的。在经销商创业前期，往往可以通过用"自家人"的方式，解决在产品销售工作当中人力不足的问题，但随着经销商代理品类的不断增多，或者是经销商在经过了创业期，进入了快速发展期后，有的经销商已经具备了企业化运作的"雏形"，或者已经实施了公司化运作。这时，仅仅靠找几个"装卸工"类型的亲戚帮忙已经远远不够了，用专业人做专业事，就必须提上日程。于是，到社会上招聘自己需要的人员，便成了一些时尚经销商的首选。但是，限于经销商自身的素质，包括管理的粗放，甚至没有管理，缺乏流程化、规范化等，一些招聘过来的人员往往缺乏归属感，缺乏提升的空间，他们想象不到未来发展的前景，加上经销商缺乏对他们系统的学习提升体系等，因此，他们在看不到"钱"景的情况下，走，便成了他们的选择和上策。

经销商要想突破用人"瓶颈"，就必须在人才资源等方面聚焦，应具备重视人才、爱护人才、合理开发人才、使用人才、留住人才、提升人才的指导思想和价值观念。

一是改变自己的思想。很多经销商由于缺乏学习力，思想观念往往还停留在 20 世纪八九十年代，他们小富即安，不图太大的发展，也缺乏对未来的远景规划。他们往往奉行经验主义，言必称过往辉煌，甚至还残留一些坐商的习性。这些习惯，其实都给这些"80 后"留下了不好的印象。因此，经销商要想更好地留人，一定要把握时代脉搏，与时俱进，不断地给这些年轻人或者职业经理人带来新思潮、新观点，提高自己的内涵，用人格魅力来吸引人才。

二是用文化留人。通过构建企业文化，营造良好的工作环境与开放的氛围，也是经销商企业留人的一种较好的方式。不仅有制度约束大家，而且还有良好内部企业文化，来调剂员工的工作生活，形成一种充满温馨的大家庭氛围。比如，建立诸如企业理念、企业宗旨、企业使命、企业口号等方面的企业文化平台，通过经销商老板对员工工作生活等方面的关心与照顾，形成一种员工对经销商企业的向心力、凝聚力，提高员工对企业的忠诚度，从而能够铁心为企业工作，而不是整天思变，让老板费心费神。

三是用薪酬留人。用薪酬留人，是经销商企业留人的最有效的方式。经销商很多都具有"小家子气"的特点，其实经销商完全可以敞开胸怀，就像当年的"贴牌"经销商牛根生一样，"小胜靠智，大胜靠德"，秉承"财聚人才"、"财散人聚"的用人宗旨，给员工提供富有挑战性的薪酬考核机制，通过薪酬的高标准、高要求，摒弃"大锅饭"，这样才能吸引住有能力的人才加盟，并铁下心来工作。

综上所述，作为经销商，所拥有的资源总是有限的。经销商的资源聚焦，其实也就是要从整体上确保系统的完整性，以及各环节之间的匹配和平衡。

渠道选择化：重点渠道突破原则

一个经销商能够把恰当的产品和恰当的客户连接起来，就是一个好的市场覆盖模式，这种模式是经销商有效、高增长性渠道战略的基础。要建立强有力的市场覆盖模式，经销商必须首先选择一个好的营销渠道，然后将其作为重点渠道，投入优势资源，进行全力突破。

第一，经销商选择营销渠道应遵循的原则。

营销渠道就是产品从生产者传至消费者所经过的各种中间商联结起来的通道，在这个通道中，经销商处于至关重要的地位。换言之，将合适的产品送到消费者手中，前提是经销商对营销渠道进行科学的选择。渠道选择的中心环节是确定到达目标市场的最佳途径，最重要的是需要经销商遵循渠道选择五项原则。

一是市场导向原则。经销商在选择渠道方面首先要考虑的便是顾客的需求，建立以市场为导向的经营思想。通过周密细致的市场调查研究，不仅要提供符合消费者需求的产品，同时还必须使分销渠道满足消费者在时间、地点以及售前、售中、售后服务上的需求，从而为目标消费者提供方便，这样经销商便能顺利地售出产品，从而达到预期目标。

二是发挥经销商自身优势原则。经销商所选择的分销渠道，应该是能够发挥自身特长的渠道模式，以确保自身在市场中优势地位的维持。经销商依据自己的特长，选择合适的渠道网络模式，能够达到最佳的经济成本并取得良好的顾客反应；同时，还可以通过发挥自身优势来促进渠道成员间的合作，保证战略与政策的顺利贯彻与执行。

三是利益最大化原则。在选择营销渠道时，经销商应注意到不同的市场结构对同种产品的分销效率的差异。如果选择了较为合适的渠道模式，便能够提高产品的流通速度，不断降低流通过程中的费用，使分销网络的各个阶段、各个环节、各个流程的费用趋于合理化。总的来说，合理的营销渠道能够降低产品的分销成本，从而使经销商在获得竞争优势的同时获得最大化的利益。

四是覆盖适度原则。经销商在选择分销渠道时，仅仅考虑加快速度、降低费用是不够的，还应该考虑及时准确地送达的商品能不能销售出去，是否有足够的市场覆盖率以针对目标市场的销售任务。因此，不能一味强调降低成本，这样可能导致销售量下降、市场覆盖率低的后果。此外，在选择中也应该避免扩张过度、分布范围过宽过广，以免造成沟通和服务的困难，导致无法控制和管理目标市场。

五是协调合作原则。渠道成员间密切的协调与合作通常是保证渠道通畅的关键。然而，渠道成员间常常会产生一些利益或决策方面的分歧、冲突与摩擦，也不可避免地存在竞争。因此，经销商在选择营销渠道时，应充分考虑到这些不良因素，一方面鼓励渠道成员之间的有益竞争，另一方面创造一种良好的合作氛围，加深各成员间的沟通，确保各条渠道的有效运行，并应该制定一套合理的利益分配制度，确保对渠道所取得的利益进行公平、合理的分配。

第二，经销商突破重点渠道策略。

选择营销渠道是为了占领并从中获利，在所选的渠道上将合适的产品放到适当的渠道中，形成产品通路畅通，就会形成最后的赢局。但在渠道终端不断发生变化的情况下，如何构筑合理有效的渠道结构、建立优质高效的渠道模式，关键在于经销商采取何种突破重点渠道的策略。

从实践经验来看，经销商突破渠道局限，应该把重点放在终端市场的构建上，正所谓决胜终端。经销商应该尽可能借助同类产品或其他相关产品的分销网络，嫁接和整合渠道资源进行密集分销；同时，做好内部管理，以保证营销正常运转并收到实效。

一是围绕终端网络建设来梳理下游分销商，以建立更为密集和有效的渠道结构。经销商的市场推广活动应该紧紧围绕终端开发来展开，先做活终端，再根据终端进货习惯、分销商配合程度与能力等因素，帮助分销商利用定点配送、定额返利和优先服务等方式，强化与终端的合作关系，提升其积极性，进而增强分销商扩张网络终端的动力。

二是开发新型终端市场，并培育相应的各级分销商，这是突破原有渠道局限的重要思路。尽管需要费些工夫，但对区域市场销量的提升具有重要意义。经销商快速拉动终端要避免越俎代庖，要恰当地把握分销商的"接盘"时机和节奏，否则会适得其反，终端渠道难以展开。

三是建立分销渠道要做好分销商管理。第一，与分销商建立分销合作联盟，根据年度销售额的多少适当返利。第二，建立退换货制度，对分销商的滞销产品进行调换。第三，定期举办分销商联谊会，沟通情感。第四，加强对分销商的工作指导。第五，建立分销商的储备客户，对不合格、不忠诚的分销商及时调换。

四是打破常规，多导入项目制。一般来说，经销商的编制里都是流通、商超、酒店、特通部等常规业务部门，很少有经销商为了推广某个品牌或者某个新品成立单独的项目部来运作，前面说到的注册成立新的公司也是为了应对不同竞争厂家的需要不得已而为之。导入项目制是为了打破常规部门不愿意推新品的尴尬，让新品进入成长的"快车道"，一旦推广成功再整合进入常规部门。导入项目制还有一个好处就是让经销商对应厂家的资源，让来自厂家的支持集中在项目组身上使用，以免造成分散，失去了费用投放的威力。经销商打造成功的新品越多，对市场上网络商的影响力就越大，对厂家的吸引也越大，争取的费用就越多，市场就会进入一个良性循环。

五是学会借用外脑、聘请职业经理人。不是只有厂家才需要请外脑，想做大的经销商同样需要外脑的支持。厂家请外脑是为了帮助厂家洗掉脑袋中对自己不利的东西，经销商请外脑是为了帮助自己得到切实的提升，站在行业的高度去发展壮大自己，少走一点弯路。还是那句话，请外脑非常有必要。另外，由家族人管理的经销商聘请职业经理人管理，会很好地解决一些"冲突"，同时，由于眼界的不同，相互之间的碰撞也会让经销商多些想法，有利于把企业进一步做大。

六是做好资源管理，尽可能争取厂家最大的费用支持。第一，说服厂家，将你所辖的市场，列入厂家的重点市场。生产厂家对市场的重视程度越高，市场投入比例越大。第二，与厂家销售管理层确定好市场运作方案后，全力配合。经销商配合度越高，厂家的支持力度就越大。第三，市场投入费用的透明化。尽量把各项费用花到明处，让厂家看到效果。第四，适当增加自己的投入力度。以自己的小投入来换取厂家的更大投入。

经销商运用突破重点渠道策略，必须在分销渠道商实现突破，不但要提升终端的密度，还要大力扶持终端分销商的业务能力，由此构建和完善营销体系，才能在区域市场建立起高效协同的营销价值链。

网点有效化：先质量后规模原则

扩张是时代赋予经销商的使命，网点扩张是经销商扩张的基本内容之一。现实中有很多经销商将广建网点当作包治百病的灵丹妙药，以至于在同一区域市场，因为经销商网点过多、供大于求，出现了很多经营困难的弱势经销网点。终端网点布局和网点建设是经销商做好辖区终端业务的重点工作，体现了经销商企业在市场的战略思维。规模是经销商生命的必然状态，它与经销商网点建设的质量核心总是正相关。

在进行网点布局时，经销商只有注重网点质量，遵循先质量后规模的原则，才能走出"营销浮躁"的怪圈，能更好地服务于消费群体。在这方面，洛阳有一个三太子方便面经销商杜先生，他在三太子进入洛阳的半年多时间里，不但建起了一个稳固的销售网络，而且成绩斐然。他的经验对经销商进行网点质量建设和规模化经营很有借鉴意义。

杜先生建网点的第一步与其他人不同，他没有去做招商广告，他觉得这样不容易筛选出优秀的分销商来，而是自己开车到终端铺货，不但铺超市、商场，也铺街边店、夫妻店，可以想象这一步走得多艰难。尽管这么辛苦，但是杜先生坚持认为，三太子方便面现在还是个新产品，要让消费者认识并认可，就必须这样做，这一步走好了，不但能吸引消费者，还会以良好的市场前景引来一批分销商。

果然，两个月后，不断有分销商找上门来要求经销三太子方便面。形势也由被动变为了主动，现在是多家分销商在竞争做分销，能做这个产品的分销机会反而成了稀有资源。

在这种情况下，杜先生没有按常规设独家代理，而是在每个县筛选了五六家分销商，目的是引入竞争，使三太子方便面在较短的时间内将铺货率和销量提上去。杜先生的做法就是先做好终端，使产品在终端畅销后，就会有分销商要求销售，他这是倒着做市场。

这些网点中几个分销商之间的竞争，会在短期内将产品铺货率和销售量做上去。但问题是，同一个市场上有多家分销商时，市场如何管理？杜先生运用"鲶鱼效应"进行管理。

鲶鱼是一种生性好动的鱼类，其本身并没有什么十分特别的地方。然而自从有渔夫将它用作保证长途运输沙丁鱼成活的工具后，鲶鱼的作用便日益受到重视。沙丁鱼生性喜欢安静，追求平稳，对面临的危险没有清醒的认识，只是一味地安逸于现有的日子。渔夫聪明地运用鲶鱼好动的作用来保证沙丁鱼活着，在这个过程中，他也获得了最大的利益。

鲶鱼效应是采取一种手段或措施，刺激一些企业活跃起来投入到市场中积极参与竞争，从而激活市场中的同行业企业。其实质是一种负激励，是激活员工队伍之奥秘。

杜先生在市场初期采取多家代理制，巧妙地利用代理商中扰乱价格的不安分的"鲶鱼"，给其他分销商压力。为了生存和不被淘汰，分销商的积极性大大提高，三太子方便面的铺市和销量也在较短的时间内有了较大的提高。

杜先生知道，他的这些网点在铺市和销量接近饱和时会出现致命的缺点：很容易诱发窜货和恶性竞争，各级分销商的利润就不能得到保证，没有利润的网络将是十分危险的。为了保证各个网点运行得稳定和健康，引入良性竞争，杜先生按销量的大小将分销商划分为一、二、三级，制定了严格的逐级分销价差。例如，一级到二级批发价差为每箱1元，二级到三级或零售的价差为0.5元等。

杜先生与分销商签订了责任书，规定两者间的责任与义务，两者按规定行使责权及义务。他的十几名业务员及他本人在送货时兼做市场巡视，发现有违价格规定的必严惩不贷。对于在销售过程中行为恶劣的"鲶鱼"，他坚决予以取缔。

杜先生对明星网点的开发与建设特别重视。因为他知道，明星网点具备强大的示范、宣传、带动、辐射作用，是体现品牌形象、品味、质量、实力的重要窗口，其对所在区域市场经营的推动作用不言而喻。

杜先生有一个十分奇特的"客户档案"，里面不仅涉及客户本人的一些资料，还涉及其家人的详细资料。逢年过节，杜先生会送上一份礼品，在客户父母或配偶生日时会送上精美的寿礼，在客户子女婚嫁时也会送上一份贺礼。俗话说"礼多人不怪"。杜先生认为这是一项十分必要和行之有效的投资，其带来的回报有时是不可估量的，不仅能使网络成员对于网络更加忠诚，而且积极性也会大大提高，同时也让网络中的成员在这种商业纽带中体味到难得的人情味。

杜先生提高网点质量的方法，比如按统一标准筛选、建设网点，按产品推广策略规范网点，按统一的价格控制网点，"鲶鱼效应"管理，按要求加强网点人员素质的培训，积极进行客户情感联络等，为他带来了巨大的经济效益。在网点建设质量和规模化经营方面，杜先生可以说是个成功的经销商！

商场如战场，兵无常式、水无常形。在当前日益激烈的市场竞争态势下，虽然营销新概念、新思路、新手段层出不穷，但万变不离其宗，市场营销的普遍规律仍然有章可循，概括地说即为32字诀：以人为本、系统整合，注重效益、兼顾规模，长期投资、短线炒作，决胜终端、服务突破。由此可见，经销商要想建设有效网点，就要先质量后规模，有了高质量的网点规模，才能成就"区域为王"的梦想。

反应快速化：速度制胜原则

快速反应关系到一个经销商是否能及时满足顾客的服务需求的能力。信息技术提高了在最近的可能时间内完成物流作业和尽快地交付所需存货的能力，这样就可减少传统上的按预期顾客需求过度储备存货的情况。经销商的快速反应能力把作业的重点从根据预测和对存货储备的预期，转移到以从装运到装运的方式对顾客需求做出反应方面上来。不过，由于在还不知道货主需求和尚未承担任务之前，存货实际上并没有发生移动，因此，经销商必须仔细安排作业，不能存在任何缺陷。

现在有一种快速放量盈利模式，它的精髓是速度取胜、量大赚钱。该模式主要依靠的是针对畅销品、快消品、季节性商品及市场上目前还没有竞争的专利品分销，经销商通过规模降低经营成本，赚取大量的现金流。这种盈利模式下，经销商将"放量"作为突破口，将抢时间作为放量的前提条件，对不同的产品要选择不同的销售季节，通过产品的低价获取市场份额、争取下游客户，实现量大增利快速赚钱。快速放量盈利的关键是抓住"商业时机"，否则财富与你擦肩而过，稍纵即逝！另外，还会引起同行业妒忌及责备。

快速放量其实也是快速反应的一种体现。事实上，经销商的铺货过程最能反映这种快速反应能力。在铺货过程中，经销商遵循快速制胜原则，快速有效地实现产品货到终端，就能及时满足消费者的需求，实现零库存。

经销商铺货时的速度制胜原则，体现在以下几个方面：

第一，抓大放小，以寸进尺。

一个经销商的资源总是有限的，产品铺货难免要动用公司的人、财、物资源，因此，经销商不能面面俱到地同时对自己所有的区域铺货。在资源不支持的条件下全面铺货，可能会导致所有区域都铺了但所有区域都没有达成目标。在这种情况下，经销商一定要本着"有所不为才能有所为"的思想，综合评估自己的资源后，再确定自己的铺货目标，应考虑那些最有潜力或最容易的渠道和区域，先集中资源把这些区域和渠道做起来，发展自己的第一批根据地，暂时放弃其他潜力稍弱的区域和渠道。等第一批根据地成功建立后，再考虑第二批、第三批根据地的建设。

第二，广泛播种，重点培育。

经销商一旦确定了自己的第一批目标根据地，就要集中资源全力以赴。在目标根据地必须采取飞机播种的方式，进行全面客户拜访，并与意向客户进行合作。在合作过程中再发现一些目标客户，进行重点培养。这个思路重点是针对批发市场客户，这个过程中需要销售人员对整个批发市场所有客户进行一次全面的拜访，派发产品宣传资料、最高分销价格、销售人员名片，确保批发市场所有客户都接到产品信息。这其中会有客户表示出合作意向，销售人员要趁机进行重点谈判，实现合作，并对其进行重点培育和支持。"广泛播种"可以发现有潜力的目标客户，同时也为后期批发市场的再分销创造了认知条件。

第三，以小诱大，反复跟进。

很多经销商经销的品牌都要进入区域的 KA 进行销售，这就涉及对 KA 的入场谈判问题。根据 KA 采购人员的工作方法，谈判初期他们一定会挑三拣四，把谈判筹码放得很高：毫不留情地告诉经销商"我们绝对不考虑你这个品牌"、开出天价的入场费、高额返点和费用支持。这是采购人员的职业习惯，为自己的老板获得更多的费用、更低的价格、更优惠的条件是其职责所在。因此，对这类客户，经销商一定要一边精心准备反复谈判，一边要对其竞争对手或周边连锁店进行入场谈判。通过快速实现其周边店面的铺货、促销和产品展示，促使 KA 接受产品入场。当然这个环节的操作要由较专业的 KA 业务人员来做，他们需要不断地与 KA 采购人员进行谈判，要有一定的耐力和方法。

第四，组合套餐，快速销售。

经销商要根据区域市场的特点、经销的产品定位以及竞争对手情况，分别确定哪些最小存货单位适合哪些渠道销售，哪些最小存货单位之间可以互补，哪些最小存货单位可以用低毛利冲高销量，哪些最小存货单位可以用来体现品牌形象。经过仔细分析，可以分别设定不同的产品组合。比如，针对传统渠道，制定一个产品组合并结合合理的铺货政策提高其接受度；针对单一渠道，可以考虑以具有竞争优势的产品打先锋的倒"T"形铺货模式，最快实现铺货并让客户感觉到产品能很快销售，为下一步的补充工作制造更好的机会和更低的交易成本。

这个环节建议经销商和厂家的销售人员一起确定，因为厂家对产品有较好的定位，甚至能告诉经销商在相关区域已经表现出来的哪些渠道哪些产品能快速销售，这样就可以避免经销商组合搭配产品的过分主观性，避免铺货失败。

第五，借旧迎新，恃强扶弱。

很多经销商都在自己的区域打拼多年，手中也拥有一两个较强势的知名品牌，这是经销商最好的渠道资源，经销商要充分利用，以快速实现新品的铺货。方法有很多，如直接利用自己当前经营的成熟知名产品，与新品捆绑向客户铺货，促使客户被动接受。比如，将新品铺货奖励用的奖品设定为自己的成熟产品；将新品强行签入与下游客户合作的分销合同中，利用知名品牌的分销权促使下游客户做新品分销。

第六，强强合作，间接控制。

如果经销商某些下辖区域中，存在很多较有实力的地方分销商，他们拥有丰富的地方渠道资源和销售团队，那么经销商就可以考虑如何利用、分享其资源，尽快实现产品在该区域的"借壳上市"。为此，经销商要主动给予这些地方分销商较好的合作条件，比如价格、奖励政策、费用支持等，以提高其积极性，促使其主动充分利用资源实现快速铺货。有的经销商可能会迷茫："那这样我不是就失去了这个区域市场，得损失多少利润啊！"当然，仅有上面的这种合作方式是不够的，经销商的销售人员应以协助地方分销商维护、开发客户为切入点，掌握客户资源。经销商千万不能因看到分销商销量快速增长而在家睡懒觉，一定要找到其增长关键点和重点客户，要不然，一觉醒来经销权就可能已"旁落"分销商手中。

第七，一而再，再而三。

"一而再，再而三"其实是最持续有效的铺货策略，这个工作在很多知名快速消费品企业操作得非常成功。经销商在对一个区域进行铺货的过程中，一定要建立完善的客户拜访卡，上面详细记录客户名称、电话、进货产品、存在的异议、拜访结果等内容，每一轮集中铺货结束后都要汇总分析并存档。这样做的目的有两个：第一，充分了解分析未接受铺货的客户信息，以便及时而更有效地进行持续拜访和跟进；第二，及时进行回访仅铺了少量产品的客户，了解产品销售情况并适时增加产品品类和数量。

很多经销商铺货一轮结束后就什么都不管了，这样既导致之后一些下游客户想销售这个产品却没货，也导致一些客户因为没有人来持续对铺货进行维护和销售支持而放弃产品的销售。因此，经销商一定要建立铺货过程客户档案，同时还要要求销售团队根据客户档案进行一而再、再而三的回访和跟进，确保真正建立起销售渠道。

第八，团队铺货，人气制胜。

经销商新品铺货最好采用团队作战方式，即征召临时人员或将所有销售人员集中在一个区域进行一次阶段性的铺货动作。铺货团队要统一着装、口径、规划线路、丰富广宣用品等，每到一个市场或一条街道，都要给客户留下激情而有气势的印象。这种印象会快速增强客户信心，并刺激其同意试销新品。因此，经销商应在铺货前专门培训一支临时的铺货团队，而不应不温不火地单兵作战。

总之，铺货永远是一个过程，实现销售最大化才是目标。根据过程决定结果的道理，经销商应该通过高效的过程控制，进行快速反应，把产品及时送到消费者手中。

管理流程化：流程等于简单原则

经营管理少不了要投入，作为一个经销商，如何提升经营管理水平，充分发挥各部门职能作用，减少重复工作，提升工作效率才是必须用心考虑的问题。经销商要遵循流程等于简单的原则，通过简单的流程进行精细化管理，使复杂管理简单化，功能全面定制化，根据需求制定适合自己经营模式的管理系统。

全友家居是河北一家大型家居商场品牌经销商，致力于"全友"、"力军力"等品牌家私的贸易经销，其发展经历了从小到大、从弱到强的过程。为了使商场平稳快速发展，2013 年开始进行流程化管理，制订详细的管理方案。一是建立系统用户资料，指定管理权限，由导购员根据客户需求下客户订单，收预付款；二是采购部门根据客户订单进行采购、验收入库，然后通知导购人员联系客户交余款；三是财务根据客户订单收尾款并打印送货单，通知仓库发货；四是仓库根据送货单信息通知司机、搬运工装车送货。

此外，全友家居还对管理系统进行了人性化定制，利用待采购功能，实现根据客户订单转采购单功能，减少了重复录单的时间。在销售管理方面优化了开订单收预付款功能、登记运费财务项目、根据业务员所售商品纯利润计算提成功能等信息、统计业务员销售业绩表、搬运工信息表等报表功能，让每一个功能应用都达到"量身定制"的效果。

通过这种流程化的管理模式，全友家居实现了管理透明化、规范化，保障了账目的清晰明了，适时的库存跟踪，整个管理的进、销、存、财务面面俱到，有条不紊地进行着运营管理。流程化管理的实现，体现出全友家居的高效率运作。

全友家居的成功经验说明，提升管理技能，尤其是对终端的流程化管理，决定了一个经销商能否做大做强。经销商要制定流程化模式、进行标准化管理，要做好以下两方面具有管理共性的工作：

第一，销售管理流程。

销售管理流程确定后，要实行标准化管理，也就是指把顾客可能在店铺中发生的每一种状况进行流程化的规范。店铺销售最忌店员与消费者沟通时随意发挥，不懂装懂。有了标准化，对终端店员会进行培训，销售工作就显得简单多了。其中的要点包括产品陈列标准化、管理制度标准化、客户管理标准化等。

产品陈列标准化的基本要求，一是合理归类，依据商品的类别、款式、品牌、颜色、高低、大小、性能等因素进行分类陈列；二是根据商品的形状、质地、外包装等特性不同，分别采用平铺、叠放、堆放、挂置、悬挂等不同的展示技术，以达到最佳的展示效果；三是商品必须摆放整齐干净，并做到随时整理，服装必须熨平整，折放整齐；四是合理利用空间，尽可能展示更多的商品品种；五是商品陈列必须饱满，避免顾客看到货架隔板及货架后的挡板；六是力求美观、大方、安全，利用不同的颜色进行协调搭配，适当点缀、搭配装饰品，活跃展示气氛；七是品种要合理搭配，相关商品、配套使用商品应搭配陈列；八是陈列商品的正面必须全部面向顾客，每层陈列商品的高度与上段货架隔板必须保留有一个至两个手指的距离，超市商品每种商品之间的距离一般为 2 ~ 3 毫米；九是新商品必须陈列在最显眼的位置，同时配置"新品上市"的促销牌，促销牌摆放位置要求既能准确指示商品，又不遮挡商品。

管理制度标准化，是指在终端构建相应规范的管理制度。所谓"无规矩不成方圆"，终端店铺要有规范化的制度，这就要求经销商配合总部完善整个终端店铺的制度。

客户管理标准化，是指对客户信息进行鉴别管理。20%的老客户可以创造店铺80%的价值，每个老客户都希望店员可以记得自己。针对这个现象，店铺很有必要进行客户管理标准化，记录客户的消费细节及消费习惯。店铺实施客户管理标准化时要建立客户管理数据库，由于顾客担心隐私安全问题，导购获得客户资料时需要一定的技巧。

第二，员工管理流程。

员工管理流程包括员工的挑选、员工的教育、如何用人，还要能够留住员工。

员工的挑选要用好以下几个工具：一是让应聘者填写一份比较完整的表格，用来考察应聘者的认真程度、工作阅历和逻辑性语言表达能力；二是运用有关模型进行销售能力测试，比如 ESFJ，分析出应聘者最适合的销售类型；三是进行性格测试，因为开拓型或拓展型的人适合做销售，有些性格则不适合做销售，培养难度也非常大。总之，店铺挑选员工时选择比努力更重要，招聘时既要进行笔试，也要进行口试。

员工的教育即培训员工，包括岗前培训和在岗培训。岗前培训，也就是录用前的培训，用来解决如何选择好的员工的问题；在岗培训即追踪培训，新员工哪方面做得好、哪方面做得不足，都要通过在岗培训进行调整。在岗培训分为两种情况：一是上课，也就是把新员工集中起来，发放一些文本，讲述店铺的规章制度、销售技巧、卖点、盈利模式等；二是岗训，即专门设置老员工带领新员工，当新员工遇到问题时，老员工教其如何解决。在进行在岗培训时，要注意区分资深导购、正式导购和实习导购。新员工一旦没有做好或者没有做到位，顾客知道是实习导购后，往往不会太计较。

如何用人强调的是要把人用到合适的岗位、合适的事情上。"知人善用"，就是说店铺老板需要善用员工的长处。

在留人问题上，一是情感留人，要给员工创造家庭般的温馨感觉，例如，几个人在一个单位工作，虽然钱挣得不是很多，但关系处得不错，很有归宿感，往往就舍不得离开这个单位；二是企业文化留人，要进行企业文化建设，让员工在工作中自然而然地想到一些元素，对店铺有所依赖；三是薪水留人，合理规划薪水体系，使员工获得更有竞争力的薪水报酬，例如跟同行相比多20%或10%的薪水；四是晋升留人，给员工提供晋升通道，员工如果不能得到晋升或学不到更多东西时，就会觉得在这里没有意义。

值得强调的一点是，流程化管理是一个崭新的课题，经销商需要结合工作实践，不断摸索，为发展提供科学的可借鉴的经验。任何一种管理模式的引入，都是一个长期持续的过程，经销商流程化管理模式也应如此，它应该是更具有包容性的一种管理方式，在现有管理基础上进行渐变式改进。

规模最大化：销量为王原则

规模最大化的目的是通过规模盈利。在市场运作过程中，经销商把低成本作为主要的扩张利基，低成本可以实现低价格，靠低价格快速提升销量，从而实现盈利总量的积聚。以低成本实现规模盈利，只是规模盈利的一种方式或手段。但是，如果理解规模盈利模式就是低成本、低价格的规模盈利，这是完全错误的！

那么经销商该如何利用规模盈利呢？真正实现规模盈利的经销商，必须具备一个条件：提供的消费价值足够宽泛，能够覆盖最广大的人群，建立认同标准，形成资源凝聚平台，产生依赖和信赖，这种情感足够产生溢价能力。也就是说，经销商真正要做的是怎么让消费者看见你的产品，购买你的产品，谈论你的产品，使用你的产品，宣传你的产品，并且会向别人推荐你的产品的过程。其实这里面就涉及销量的问题，而且规模盈利的主要表现之一，就是通过多元化并加大促销力度提升销售量。

事实上，在经销商规模化经营过程中，如何有效地提升品牌的销量，是经销商们都迫切需要解决的问题。有的品牌运营管理专家为此支出三招：要抓好视觉营销，靠终端形象提升销量；要提升销售技巧，靠专业技能提升销量；制定促销策略，靠促销活动提升销量。下面我们来一一分解。

第一，抓好视觉营销，靠终端形象提升销量。

21世纪的经济是眼球经济，消费者回头多看一眼，终端店铺则增加一次可能性的销售机会。正因如此，终端店铺促销时的POP、海报、橱窗、门头、装修等布置得相当夸张，甚至找出各种各样的促销理由，比如清仓、甩卖、拆迁、搬家、房租到期等，所有这些动作都是为了吸引消费者的眼球，正好迎合了消费者"耳听为虚，眼见为实"的欲望。

视觉营销的好处是"功夫在诗外"，店铺装修越到位，给消费者以大品牌的感觉，销售人员则越省力。反之，即使销售人员说得再多、再好，消费者还是会有疑问。古话讲"好马配好鞍"，终端形象，特别是能够对销售带来影响的一切形象设计，都非常重要。

比如，一流电影院的装修布置会令消费者感觉非常舒适；卡拉OK厅的氛围会使人们身体里的细胞都跟着兴奋起来；有些服装店故意把亮眼的衣服放在黄金位置，将消费者吸引进来，消费者最终不一定购买这件衣服，但这件衣服吸引了消费者的眼球。

再比如，在家纺行业中，床上用品在早些年都是放在柜子里销售的，如今则是跟消费者家里一模一样，在床上铺好各式各样的家纺产品，旁边摆放着古董、花盆、字画，这些都是在营造生活馆的氛围，让消费者感觉舒适，购买的欲望就会强烈，成交的可能性就会增大。真正的营销高手会在视觉营销方面下功夫，因为这是基础工作，基础工作到位了，话术营销、道具营销、体验营销等才能顺理成章。

第二，提升销售技巧，靠专业技能提升销量。

一是掌控送货价格。掌控好价格体系是提高产品生命周期、保持稳定利润的根本。只有具备了充足的利润，才能保证各渠道成员的利益，才能调动他们的积极性。高的价格送货必须要带一些相应政策，如累计赠奖或返现金等，同时要能够了解产品独特点，给高价格寻找理由。新品在消费者心中的价格定位非常重要，否则你再低的价格也不会让消费者感到实惠。

二是选好的送货员。送货员在经销商业务中应当充当业务人员的角色，所以培养销售型送货员对经销商来讲有很好的"性价比"，如果一个好的送货员每天给每个零售商多送出去一箱货，每箱利润1元，按每天送30家，则每月多赚900元，还不算节省的车费、油费或重复送货费用。

三是掌握送货最佳时机。众所周知，目前市场是个完全开放型的，别的经销商也送同类产品的货物，如果他先你一步送到，那零售商考虑到资金压力和销售风险，势必不愿再留货。一般送货时间掌握在上午8：00~12：00是最好的。尽量不要在零售商吃饭或销货忙碌时前去，他没时间跟你沟通，势必对留货产生影响。下午主要和有问题的或需开发的零售商进行巡访或沟通，因为下午零售商相对不是太忙碌，可以有比较充裕的时间。

四是承诺调换货。有条件调换货是取信经销商、建立良好客情的重要手段。尤其对于短保质期产品或新品来说，不予调换货会给零售商很大的心理压力，出现一次过期就会再拒进此产品，很难让零售商配合推广产品。实际上当市场运作正常后并不会出现大量的调换货损失。经销商可以承诺调换货但尽量不要承诺退货，否则会造成一些不良零售商恶意退货出现成本激增。

经销商的销售技巧还有很多，一言以蔽之，如果充分掌握并运用有效的销售技巧，想不增加销量都难。

第三，制定促销策略，靠促销活动提升销量。

经销商促销活动的效果决定了厂家产品在区域市场推广活动的成败。

一是特价促销。特价是指在短期内通过直接降价的方法，以低于正常价位的价格来优待顾客，达到促进销售的目的。由于特价促销对顾客具有特殊的吸引力和很强的视觉冲击力，在各行各业被经销商普遍采用。在开展特价促销时，要给特价促销找一个合适的理由，不能让顾客认为是商品卖不出去或质量不好才降价。特价促销幅度要适当，太小，对顾客的吸引力太小，促销效果不明显；太大，能在短期内大幅度提高销售额，但同时利润损失惨重。因此，特价促销的价格一定要有竞争力。

二是折扣促销。使用折价促销策略需要选择好时机，否则促销效果会事倍功半。折扣促销对消费者来说有变相降价的意思，所以折扣促销只能是用部分产品或特定的几款产品，勿用全部产品都进行折扣。

三是赠品促销。它是利用消费者占小便宜的心理的一种常见促销方式，在节假日使用非常有效。瓷砖、灯饰等泛家居产品属于耐用品，比较适合用赠品促销方式。运用赠品促销时，必须考虑促销产品与赠品之间的关联性，这样的促销方式对消费者来说比较实用，容易达到良好的效果。赠品促销还要核算促销成本，赠品价格太高，虽然能够更有效地提升销量，但赚不到钱，而赠品价值太低显得没诚意，不能引起潜在顾客的注意。

四是联合促销。它最大的好处是可以使联合体内的各成员以较少的促销费用取得较大的促销效果。具体体现在：费用分摊，降低相应的促销成本；消费融合，实现品牌互动；功能互补，提升促销效果；风险共担，抵御市场冲击。做联合促销要选择合适商家，该商家销售的产品与瓷砖要有关联性，一般建议瓷砖联合促销都选卖建材或家具等的商家合作。联合促销一次可以联合多家商家，但是多家商家要是卖不同产品的才行。

五是抽奖促销。抽奖就是利用人的侥幸、追求刺激和"以小赢大"的心理，通过抽奖赢取现金或商品强化购买的欲望。参加抽奖活动不受参与对象的学历、能力、知识、素质等的限制，是一种完全凭借运气的促销活动，因此，抽奖活动的受众非常广泛，会有众多的消费者参与其中。要根据产品的价位来设置奖项，活动奖品要有特色，还要设置适量的大奖，中奖率必须高，小奖要多。此外，奖品的形式最好选为商品或旅游等服务而非现金，这样更有利于减少企业的促销成本。

六是附带促销，也叫捆绑促销，一般是利用热销产品带动滞销产品，比如买热销的仿古砖享受滞销的大瓷片的折扣优惠。附带促销往往给顾客带来意想不到的惊喜，它的关键是在顾客没有买产品之前不告诉他有这个优惠信息，这是附带促销和折扣促销最本质的区别。附带促销值得注意的是一款热销产品最多带两款滞销产品，一般来说一款带一款效果是最好的。附带产品一定要是客户有需求的，否则，促销效果很难体现出来。

七是现金返还。面对商家频繁的打折和返券，消费者的兴趣和热情渐渐消退，其中诸多的猫腻和限制也让消费者厌恶。因此，现在很多企业开始实施现金返还的促销策略。只要消费者购买了规定的产品，可立即在购买处获得现金返还。现金返还可以让消费者感到这是实实在在的现金优惠，可由消费者任意支配；而不会像返券那样在购货时受到时间、地点和产品牌子的限制。因此这种促销方法更受消费者的欢迎，促销效果更加明显。

八是增值服务。它是指在产品本身价值的基础上提供额外的优良服务给消费者，这种促销方式比较适合运用于泛家居行业，比如消费者购买瓷砖产品，满1万元以上，提供免费送货上门、铺贴服务等。增值服务可以让消费者感觉捡了个大便宜，由于商家提供的一般都是贴心、人性化的服务，消费者容易对品牌产生好感，后期可能还会为你带来客户。

九是借势促销，也可以说是事件营销，就是借助事件的影响力来达到促销产品的目的。比如在奥运会期间，陶瓷行业就有不少企业巧妙运用了这一手法。一些企业的产品已经被运用到奥运会的场馆建设中，他们就可借奥运之势大搞促销活动。

十是短信促销。这是比较时髦的促销方式，也是成本较低的促销手段。在操作短信促销时要注意短信不要对手机用户造成骚扰，否则会引起客户的反感，进而影响经销商的品牌形象。短信促销最好是结合其他促销方式进行，如抽奖促销、特价促销等。短信促销对已经建立起信任关系的老客户比较奏效。

促销是一把"双刃剑"，用得好能够帮助自己快速提升销量、塑造品牌口碑，用不好则吃力不讨好、损人不利己。所以经销商在促销时一定要摆正心态，真正做到方便消费者，这样才能提高销量。

总之，经销商要想实现市场规模和市场利润的最大化，必须具备在发展过程中，把扩大市场空间或者是经营范围作为抵抗竞争、获取利润的基本保障的生意经营思路。特别是经销商在发展得最好和最坏两种情况下，他所擅长的盈利办法或突围的优先等级就是扩大生意规模。

第五章　区域市场开发方法及策略

经销商对区域市场的开发必须运用一定的方法和策略，这样才能在这一市场获得生存和发展，也能为其他的市场的开发打下坚实的基础。区域市场的资源都是宝贵的，关键是使用的方法和使用的操作者的想法不同。

在开发区域市场过程中，经销商只要运用精细化营销、诚信营销、建立自营网络、抢占主导新品类、打造商业品牌符号，就能在"区域为王"的道路上越走越宽广。

精细化营销，把简单做到极致

精细化营销是营销发展的整体趋势。事实上，被称为21世纪新营销的整合营销传播、顾客关系管理、数据库营销、网络营销等，都是精细化营销的组成部分和方法论。经销商进行精细化营销，就是精细操作终端，把简单做到极致。其工作侧重点是全力帮助二批商服务到下家的零售终端，全力做好客情维护，做到真正掌控终端。

河南姚花春酒业在打造鄢陵样板市场时，为了对品牌更好地发展与管理，充分发挥营销网络的作用与职能，及时对相应的二级网络及所掌控的终端网络重新进行规划与调整，该取缔的取缔，该扶持的加大扶持力度，帮助其对市场精耕细作。

在客户招商选择上，河南姚花春酒业一方面严格筛选经销商的信誉质量，严格限定经营品种数量，避免形成同品牌之间的内部竞争；另一方面渠道尽量下沉，不搞县级总代理制，以乡镇为单位发展经销商，达到每个乡镇一家代理商，使渠道下沉到乡镇农村市场，注重市场的广度和深度的挖潜，最大限度实现渠道的深耕，做精做透市场。

姚花春酒业在营销过程中始终贯彻"精细化、标准化"执行管理模式，追求"简单做到极致"的营销理念，例如在终端投入方面，采用资源聚焦的方式主要集中在终端门头和产品陈列上，在单点引发爆破力，追求终端门头的一条街、一个路口的集中投放，统一醒目的门头店招牌成为一道亮丽的风景线。在产品陈列上，更追求排列的最大化和形象统一化，全年度无间隙陈列政策极大地增强了终端销售热情和信心。

姚花春酒业在市场投入、反应机制方面做得更"极致"，简单到门头、陈列等极普通的细节事情，执行起来都有明确的标准。比如产品陈列到货柜应该是什么位置、陈列多少瓶、什么类型，以及做门头使用什么材质、多少面积等，都制定了非常规范的标准。此外，所有投入都标准化、透明化，在投入审批和费用核销方面，市场投入灵活，反应机制特别快。

一个新品要快速形成大众化、流行化品牌，必须进行大规模的广告传播活动，积极营造产品热销氛围。姚花春的品牌传播采用"2＋1"的策略，即高炮广告配合高密度终端传播即门头和产品陈列，再加上持续的消费者主题活动。

在消费者主题活动方面，姚花春酒业特别注重口碑传播和消费者体验互动，紧紧抓住核心消费者做文章，以宴席为体验传播载体，全年1000多场不间断的喜宴主题促销活动，最大力度让利消费者，让消费者得到实惠，实现与消费者近距离沟通。通过大量消费者体验好评，不断提升品牌热度，最后形成口碑流行。顾客的这种链式反应，给姚花春酒业带来了巨大的利润。

精准的含义是精确、精密、可衡量的。精细化营销比较恰当地体现了资源合理配置的深层次寓意及核心思想。姚花春酒业的精细化营销事实证明，经销商要做好营销精细化，就必须对营销资源合理配置。

营销资源浪费是一只看不见的沙漏，由于缺乏精确的目标、计划和系统的营销操作，经销商很容易在市场上犯顾此失彼的错误，造成极大的营销资源浪费。要想避免这种情况，经销商必须从以下四个方面做起：

第一，建立一支高素质的营销队伍。

没有兵你如何去打仗，高素质的营销队伍是品牌和渠道建设与管理的核心和基础，是关键，因此经销商也必须建立起自己的高素质的营销队伍。

第二，组建与现在资源相匹配的公司组织架构，合理、高效地管理团队和市场。

如果经销商没有建立起组织架构，就等于公路上没有把车道分好，毫无方向地任意行车，那肯定是要出交通意外的。组织架构没建立起来时，各部门间分工不明，权力也无法下放，就无法实现资源的合理配置，做到高效运营。很多经销商规模小，为了节约成本而忽略了组织架构的构建，反而导致资源无法合理配置，造成更大浪费。

第三，建立健全有效的培训机制。

营销队伍的长期稳定是要靠培训来延续的，员工如果感觉不到能力方面的提升，是很容易流失的。而健全有效的培训机制，也是有效打造经销商核心竞争力重要武器之一。经销商应该为员工打造一个持续学习、进步的平台。

第四，对现有品牌资源重新整合，合理分配公司有效资源。

经销商应该将所经营的品牌进行分析、分类，找到各品牌的合理位置，哪个是保现金流的、哪个是能够带来利润增长的产品、哪个是可投入也可放弃的产品、哪个是要淘汰的产品。要力保重点产品，加大投入力度，保证其在市场的强劲势头。

诚信营销，经营市场的黄金法则

诚信是我国传统道德中最重要的规范之一，是社会主义市场条件下，企业在从事生产、经营、管理活动中，处理各种关系的基本准则。诚信的基本内涵包括"诚"和"信"两个方面，"诚"主要是指诚实、诚恳；"信"主要是指信用、信任。

在任何一个区域市场，经营者的诚信都直接关乎消费者利益。经销商在区域市场进行诚信营销，就是将诚信原则贯彻到营销活动的各个环节中，坚持诚信理念，在整个营销过程中顾及社会、消费者以及内部员工的利益，诚实守信，注重长远。一方面应始终坚持信息对称原则，保证营销活动的公开、公平和公正，没有欺诈等行为的发生；另一方面应遵守国家法规，符合社会道德规范，不能违背社会公德等。诚信营销是区域市场的黄金规则，遵守之则胜，违背之则败！

马经理是湖北的一个白酒经销商，这个人在当地很有影响力。他看到市场上一种白酒卖得很火，想做代理。可是这个品牌在当地已经有经销商了，但是这个经销商做得一般。马经理想，凭我的实力还是可以替换下他的。于是，马经理对当地白酒市场进行了一番调查，同时把自己的思路形成文字，找个机会交给了这个白酒的大区经理。经过一番"沟通"之后，该白酒大区经理愿意取消那个经销商资格，把销售权交给了马经理。

为了避免那个白酒经销商的事后报复，马经理和大区经理特意找到该白酒经销商，经过一番讨价还价之后，那个经销商还是很痛快地答应了，但他同时提出个条件说，自己还有一部分库存，需要经过一个月才能消化，希望马经理能给他一点时间。马经理想，既然撬了人家的代理权，这个要求还是可以满足的，于是就一口答应了。一个月后，马经理开始在酒店铺货。

让马经理意外的是，很多酒店老板拒绝进这个品牌的白酒，他们的解释是这个白酒价格高，并且容易出现质量问题，经常有漏酒情况，并且已经进了另一个白酒，价格比较低，另外还有很多优惠政策。详细询问之下，马经理才知道酒店新进的白酒，正是他撬掉的经销商所代理的。

原来，那个经销商利用一个月时间，选择了一个新的品牌，同时利用库存产品，故意在酒店制造产品质量问题，这既封死马经理进入白酒市场，又顺利实现了自己的产品替换，可以说是一举两得，给马经理留下一个难以收拾的市场。

这个案例，充分说明了某些经销商同业竞争时的诡异和对游戏规则的破坏。马经理对竞争对手兵行诡道，设置陷阱，毫无道德可言。这种破坏游戏规则，不按常理的做法，被同行们称为"挖坑"。挖坑这个词的深刻含义在于，给别人挖坑的同时，也是为自己挖了坑，结果埋了别人也埋了自己。

与"马经理"一类经销商形成鲜明对比的是，很多经销商因为坚守信誉道德底线，遵守游戏规则，受到了人们的赞赏，他们也取得了更大、更长期的成功。

李老板是陕西榆林地区府谷县远近闻名的经销商，也是著名方便面企业A公司在府谷县的总代理，拥有多辆日夜穿梭于整个府谷县的货车，手下干将几十员，保管、出纳、会计、业务员、超市导购员，人员配置科学齐全。李老板性格内敛，平易近人，在整个府谷县，也算是有头有脸的人物。

你一定不会相信几年前的这时，他还是一个"初涉商海、一穷二白"的"不安分"分子：在亲友诧异的目光中，他毅然离开待遇很高、安闲舒适的政府部门，怀揣 10 万元的"原始积累"和一颗欲成大事的奔腾心，在没有任何经商经历的情况下，"扑通"一声跃入商海。

刚开始的李老板，简直找不到东南西北，原以为非常容易的赚钱方法，却都在他够不到的地方对他冷笑。正在经商无门、百般惆怅之际，一个偶然的机会，李老板结识了 A 企业在榆林地区的一个经销商，从他那里间接了解到 A 企业、A 企业的产品和经销利润等方面的信息，于是李老板产生了争取 A 企业在府谷县经销权的念头。

在榆林经销商的引荐下，李老板亲自到 A 企业总部进行了认真考察。考察结果是李老板对 A 企业甚为满意，而 A 企业市场部人员对李老板没感觉。因为按照 A 企业的政策，获得经销权的客户必须具备以下四个条件：第一，一定的资金实力；第二，健全的通路网络；第三，一定的配送能力；第四，熟知并认可本公司的企业文化。而李老板一个标准也达不到，他只有区区 10 万元和愿意与他共谋发展、同样没有经商经历的两个弟弟，连门店都没有，更不用说其他条件了。怎么办？李老板不想失去这样的经销机会，经过深思熟虑，他向 A 企业立下誓言："给我一个月，我可以首先解决其中的三项：第一项、第三项和第四项！"

A 企业看他经销意愿这么强烈，就让他试着去做，反正他们对府谷县市场无从下手，就让李老板"死马当活马医"吧。

机会已经争取到了，接下来就看李老板怎样去珍惜和利用了。

考察回去后，李老板就着手解决资金问题，他首先用自己的住房做抵押向银行贷款 10 万元，然后又四处游说亲朋好友，以入股的形式融入几万元资金，再加上他自有资金 10 万元，总算暂时解决了资金问题。

有了资金，李老板立即着手两件事：一是给榆林地区经销商 4.5 万元让他帮忙从 A 企业拉一车货，整整 1500 件；二是购买一辆大卡车和一辆小厢货车分别负责乡镇市场和县城市场的铺货，并租来两间 1500 平方米左右的大仓库存储货物。

剩下的就是用诚意和汗水去开拓市场了。在接下来的25天里，李老板和他的弟弟跑遍整个府谷县城，用企业、产品的优势、销售的利润和自己的诚意对食品经销商和终端进行各个击破。为了鼓励他们进货，李老板规定：凡是进够5件方便面的客户（当时5件一组铺货，主要是为了市场的面而不是量），即可获赠一个价值8元的不锈钢洗菜盆。对一般经销商容易忽视的终端，他尤其重视，不仅要将产品打进去，还就产品的生动化对终端提出严格要求：在商店最醒目的位置摆放A企业的产品，而且不能有竞品压在A企业的产品之上。为此，他专门培训他的两个弟弟，对终端陈列的生动化进行实时跟踪。李老板也因此赢得"得寸进尺"、"难缠"之类的"盛赞"，当然这都是那些钦佩他、与他走得很近的店主当面或背后的戏谑之词。

天道酬勤，一个月过去了，A企业的产品在整个府谷县城的铺货率竟然达到了80名！万事俱备，只欠企业来验收成果了。李老板主动找到A企业，让他们对府谷县城进行实地考察。

A企业的市场人员一到府谷县，用他们自己的话说就是："非常惊讶于市场的铺货率、终端的生动化，这时我们才知道客户的诚意。"

市场人员算了这样一笔账：李老板卖一件方便面的毛利在1元左右，扣除他的卸装费、仓库租赁费、车辆费用、工商税务、人员工资、银行贷款的利息，再加上前期铺货费用和他主动投入的促销费用，他的纯利润基本为零甚至负数，也就是说，他白白给我们打了一个月的工！

李老板这种一心做市场的诚意和能力深深打动了A企业的市场人员，他们在李老板尚未达到第二个标准——健全的通路网络——的情况下，便决定与他签订经销协议，授予他在府谷县的独家经销权。而且在李老板正式经营A企业产品的第一个月，A企业就给了他货款3%的促销费；而一般情况下，A企业给经销商的促销支持只有1%，且是在正式合作的两三个月后，基于考察满意才划拨此项费用的。所以，A 企业对李老板的这两项举措，在它与经销商的合作史中实属不多见的双重破例。

获得了厂家的经销权和大力支持，李老板并没有止步于此，他还"耿耿于怀"于自己的通路网络尚未达到 A 企业的第二条经销标准，因为在为获得经销权而白给 A 企业打工的一个月里，他主要攻占的是府谷县城市场，府谷县城下面的乡镇市场还是 A 企业和他自己的"盲区"。

为了攻占乡镇市场，李老板先找经济条件较好的乡镇，选择该乡镇最大的批发商，让他领着铺货，然后给他产品的差额部分。当时由于竞品盘踞，A 企业产品介入乡镇市场十分困难，李老板又拿出在县城铺货时用的法宝——"利润 + 诚意"，一一攻克这些市场。有了这些乡镇样板市场的带动，其他乡镇市场的铺货势如破竹。在李老板的不懈努力下，到 2012 年，A 企业产品已经成为府谷县方便面市场的第一品牌。

现在，李老板已成为府谷县数一数二的食品经销商，其旗下的品类也从方便面扩展到白酒、啤酒、饮料和奶粉，而且其中多为名牌产品。

商界俗语说得好："莫为一利争高下，得饶人处且饶人。"斤斤计较气量狭小的人，做不到诚信，更不懂经商。有春风，才会有夜雨。李老板生意顺运，靠的是"攒"下的人缘，而维系这一人缘的则是"诚信"二字。

正反两方面的案例都说明了一个道理：经销商在经营过程中，切忌不顾诚信，盲目追求利益最大化，诚信是经营者经营活动必须遵守的黄金规则。诚信营销是企业文明的基石和标志，也应该成为每一个经销商的内在要求。

诚信是一种特别稀缺的资源，能够提升经销商的竞争力，树立良好的企业形象，有效地吸引顾客。在当前条件下，经销商可以从以下几个方面努力做好诚信营销工作：

第一，产品诚信。

从产品的广义角度看，产品包括有形的实体和无形的服务，产品的质量是企业的生命，因此要求产品的性能、寿命、安全等指数都符合国家技术标准或行业标准。产品质量诚信是经销商合法参与市场竞争、树立自身和产品形象的基本要求。国内一些先进企业已经通过了 ISO9000、ISO14000 及 SA8000 的质量认证，有的甚至拿到了美国、德国、加拿大等国的认证，这些认证有效地保证了经销商经营这些产品的合格性。

第二，价格诚信。

价格是经销商赢得市场的有效武器，也是一把"双刃剑"，运用得好，可以促进自身的发展，运用得不好，会使自身迅速陷入困境。因此，经销商在报价中应遵循诚信原则，公开、公平，实行透明化原则，一是一，二是二，避免利用价格欺骗消费者。

第三，分销诚信。

产品在流转过程中，经销商要与厂家和渠道其他成员建立长期良好的合作伙伴关系，这种关系的建立需要诚信来维持。只有讲诚信的经销商才能赢得更多的渠道成员，才能把产品分销到全国各地，再到用户手中。

第四，促销诚信。

促销是经销商树立自身形象、扩大知名度的有效途径。在实际促销中，切不可用虚假的促销方式，如制作虚假广告，以欺骗手段诱导消费者购买；或以回扣的方式贿赂消费者，贬低竞争对手的产品甚至侮辱对方的人格，混淆商品和服务的来源等。应尽量避免使用极端的手法，采取实事求是的态度，运用好促销组合策略。

第五，服务诚信。

当今已经进入到一个服务制胜的时代，服务已成为一个重要的策略。服务一般包括售前、售中、售后服务，其中应该加强诚信，尤其是售后服务中的诚信，如维修、保养、上门安装等。

总之，经销商在营销过程中，应该加强诚信操守的修炼，只有做到产品诚信、价格诚信、分销诚信、促销诚信、服务诚信，才能构建诚信营销文化，才能在区域市场健康发展。

建立自营网络，形成核心竞争优势

经销商建立自营网络体系，是营销战略的一个重要环节，它能够为消费者提供更便捷更实惠的服务平台，从而在区域市场形成核心竞争优势。

面对区域市场行业趋势、市场状况和消费结构的新变化，经销商建立自营网络并与分销网络相结合，有利于加强对渠道的管控，增加网络覆盖率，进一步增强终端影响力和控制力，更有利于打击假冒伪劣产品和保护消费者合法权益，全面提升营销质量，促进区域市场的持续健康发展。经销商想要赢过同一区域内的竞争对手，那么一定需要建立自营网络，形成自身的核心竞争优势，给消费者最贴心的服务。

经销商的自营网络是个涉及很多方面的系统工程，在这个系统中，自营店的建立是经销商自己在销售环节中的销售利器，也是基础销售模式的一种。自营店最大的优势在于，它减少了分销商的盈利份额和环节，在价格战上具有一定的销售优势，在质量战上更具透明化。作为经销商最有利的最直接的销售实体，支撑自营店的支点是主打品牌，或者主打质量，或者主打特点等。自营店对经销商所起的作用有：品牌的形象的提升；服务方式和形象的具体化；具有一定的尾货清仓的消化能力。

某县某经销商小 K，在 4 年不到的时间，一口气开出了"三个半"门店，有一个是拐角店，其优越的位置可以顶 1.5 个店，可以说是个绝好地段，正所谓"一址得万金"。

2012 年，小 K 准备好了计划，他要在下半年各店正常运转时导入 POS。这是一种多功能销售终端，把它安装在信用卡的特约商户和受理网点中与计算机联成网络，就能实现电子资金自动转账，它具有支持消费、预授权、余额查询和转账等功能，使用起来安全、快捷、可靠。小 K 的这个做得超前的门店元素，其他的同仁还没有问津。

小 K 在管理自营店上很有办法，有时竞争对手打着望远镜看也复制不了。总结起来，小 K 管理自营店的方法有以下几点：

一是学习成功经验。小 K 把自营店当作自己学习进步的平台，他常到总部学习取经，吸取有益经验来管理自营店。通过学习，小 K 提升了自身的学习力，并将成功经验用于实践当中去。

二是选对产品。小 K 从来不指望天上掉下来个"林妹妹"，什么产品都能适合区域市场。他善于选择适合自己做渠道经营的产品，同时他还认为，产品一旦选定，就在自己的店里通过宣传和促销把它作为亮点，再把亮点做成领先，然后再做成强势。

三是提高促销能力。一年到头，小 K 的促销活动很频繁。因为他研究了很多有关营销的资料，认为用门店持续的形象力树立品牌认知和文化认同，用真诚的服务力树立品牌信誉，必须常抓不懈，提高顾客的忠诚度，有时不促亦促。

四是团队协作力。小 K 相信现在不是个人英雄主义的时代，个人再有亮点，也是"鲜花绿叶扶"。因此，他致力于在自营店打造全员协作的优质团队。他认为这也是文化建设的一个重要方面。他对员工的管理采取恩威并举的方式，并注重挖掘员工潜力。小 K 注重员工管理这方面的核心竞争力，他要让员工有一种快乐投入的精神。而对于用人留人，小 K 注重员工能力挖潜，并给他们安排合适的工作岗位，让他们充分发挥出最大作用。事实上，小 K 自营店团队协作和人尽其才的结果，让自营店的产品销量大大提升了。

五是进行企业化运作。小 K 实施总店长负责制，他在"三个半"门店导入零售软件和 POS 管理，提升多店在不同地段和商圈的运营水平。同时，他从终端的软硬件着手进行业绩跟踪，力图做出尽可能科学的门店诊断，然后执行整改，扶优汰劣。

小 K 建自营店的成功经历表明：建立自营网络需要经销商具有独立经营者的积极心态和服务意识，在能力方面，能够独立完成对顾客的销售和服务，能够协助下属销售产品与推荐新人，具备边做边教的能力。

经营好自营店，是经销商建设自营网络的关键。另外，一线是真枪实弹的地方，不少优质的经销商正遇到瓶颈的时候，突破之苦，瓶颈之难，责任之艰，不是一线一点所能敌，自营店先要挺身而出，全力以赴，成为区域市场管理引领的中坚力量。

值得一提的是，经销商自建网络，必然与下游客户及厂家发生利益冲突。如何从容应对渠道冲突，既避免短期损失，又能做到长期综合利益最大化呢？最高明的方法是防患于未然，尽早消除冲突的隐患，避免冲突的扩大化和尖锐化。

抢占主导新品类，增强地位与控制权

产品的品类是经销商真正有占据价值的资源。如果经销商通过运作众厂家的某一品类或者某一行业产品，并垄断某些销售区域的方式，就有了成为强势品牌的先天机会，从而独享品类带来的利润。这条品类霸主营销之路，是经销商增强区域市场地位和控制权的必经之路。

古龙商贸是山西众多商贸公司中较为突出的一个，公司起步于 1998 年，经过 10 多年的发展逐渐壮大成了省级经销商，现在主要从事罐头、调味品的销售，销售网络覆盖晋南、晋东南、晋中、吕梁、太原、忻州、雁北等区域，目前代理的有东湖老陈醋、王守义十三香、古龙罐头、西王玉米油、北甲家食用油、上一道面粉等产品。通过公司上下的协同努力，现在已形成了商超、流通、BC 类超市、餐饮、自营店等多渠道覆盖的格局。

从古龙发展历程我们可以看出以下几点：一是完善了其销售网络的同时，有重心，有选择；二是提高了在渠道中的话语权，综合降低了运营成本提高利润率；三是重视人才队伍的建设，塑造企业特有文化；四是拉大同行经销商与其差距以吸引更多的厂家与其合作；五是积极探索，塑造自己的品类产品。

古龙商贸在 10 多年的发展历程中，其销售渠道也在不断扩充，形成了商超、流通、BC 类超市、餐饮、自营店等多渠道覆盖的格局，尽管销售网络全而复杂，但公司业务的开展一直是比较有针对性的。例如，古龙代理的产品覆盖了山西美特好、华联、家乐福、家家利 4 家大型商超，但古龙将重心放在了对美特好超市的精耕细作上。

古龙商贸要求业务员将美特好旗下所有门店的具体销售情况进行一周一汇报，以便及时地了解公司的运营情况。根据具体情况，公司会在销量排名靠前的门店设专职导购员，以保证顾客对产品的了解。同时，古龙商贸甚至授权其他经销商操作当地的沃尔玛卖场，这样有利于古龙商贸将更多的精力用在管理好自己现有的网络上。

流通渠道占据了古龙商贸 40% 的业务，晋南、晋东南、晋中、吕梁、太原、忻州、雁北等区域都有古龙的分销商，由于考虑到售后服务成本太大的因素，距离较远的晋南地区的运城市场和雁北地区的大同市场古龙是不运作的。而运作的地区中，太原和晋中地区是古龙精耕细作的主要市场。公司配备了 10 辆运输车辆，专供太原及其周边地区运输货物使用，其他地区的货物运输均外包给物流公司。公司周末和节假日也有人值班，以保证各终端货物储备充足，分销商及其他客户可以及时进货。太原其他小超市及夫妻店也有专人每天开车送货上门，以保证店内无缺货。

除商超和流通渠道外，古龙商贸为了减少商超各个环节费用支出和加大利润的考虑，于2010年开了两家自营店，主要出售自己代理的各个品牌的产品。由于商超费用的节节攀升，古龙商贸在新品入超市的环节上极其慎重，而自营店也成了流通渠道外试销新品的一个大后方。顾客一进入自营店便可立马感觉到自营店里的产品品类之多、品牌之多，因为有了更多的选择权购买起来更舒心。同时，这两个自营店都是选在了居民较集中的菜市场、批发市场，以便面向更多的消费者。

由于古龙商贸对渠道有的放矢地精耕细作，业绩骄人，吸引了许多一线品牌的生产厂家，如东湖、王守义十三香等都欣然与之合作。在罐头和调味品这两个品类上的独霸地位，为古龙的发展提供了巨大的帮助。

随着厂家不断地下沉渠道，对于经销商的挤压也越来越大，而终端费用的节节攀升，也更多地压缩了做产品代理所能获得的利润空间，而且商超店大欺客的现象时有发生，回笼资金慢给公司资金链造成很大压力。另外，做自有品牌，增大销售额，也有利于更顺畅地办理银行贷款，因为进入2010年之后，行业内不再仅仅是靠辛苦赚钱，更多的是靠资本赚钱。因此，古龙商贸不再满足于将自己定位为一个普通的经销商的角色，而是向产业商转型，决定开始做自有品牌产品。

商标是品牌的旗帜，注册商标是古龙商贸打造自有品牌的第一步。古龙商贸陆续注册了南七村、代州、挽手、郭大爷4个商标，注册这些商标的同时，古龙商贸也规划好了各品牌下的物质载体，而且每个商标下的产品都是山西特产或具有山西风味。例如"南七村"要做的是山西特产，如红枣、核桃等；"代州"要做的是以小米为主，山西其他小杂粮为辅；"挽手"是专做老年人健康食品和饮料的；而"郭大爷"旗下的产品要看其他几个商标的产品上市运作情况而定，是用来做替补、调整的。

山西古龙商贸不仅仅通过运作众厂家的罐头和调味品产品，垄断了山西大部分区域的销售，独享这两种品类带来的利润，顺利成了厂家的品类经销商，更是自己走出了独自建立品牌的道路，在做强品类霸主这条路上，开拓出了新的方向。

品类经销必须明确这样几点：其一，经营的一定是品类而非全品项。经销商往往不是代理或经销厂家的所有品项，而是依据市场特性，有针对性地挑选一些适合市场特点的产品品项，使产品具有较强的目的性、时效性。其二，增强地位与控制权的经销商一定是跨区域销售的。品类经销商往往销售区域较大，不仅仅是自己的"一亩三分地"，更多地还"占有"邻近的一些区域市场，通过扩大自己的地盘，获取更大的发展空间，让产品获得更高的市场占有率。其三，实施品类垄断。既然是品类经销商，往往在所辖的销售区域实施品类垄断，通过品类垄断，来最大限度地保证各级渠道商的利润。其四，经销商要想增强地位与控制权，必须有一支能够精耕细作、执行力超强的团队，只有人才梯队建设稳定，开疆拓土才会顺利实现。

经销商若要抢占主导新品类，增强地位与控制权，最终做一个品类霸主，必须做好以下两方面工作：

第一，成功垄断当地的品类渠道。

垄断当地品类渠道需要两个先决条件，一是品类的选择，二是搭建销售网络。经销商要考虑品类是否相互竞争。每个产品都要花费人力和费用，如果你代理的产品同质性及竞争性太高，消费者买了这个就不会买那个，那么你就是在跟自己抢饭吃，投入再多的资源也得不到相应的增量。很多企业在找新经销商时也会考虑到这个问题，毕竟你照顾了甲产品，就会疏于照顾乙产品。

经销商搭建自己的销售网络，并建立当地终端渠道，与终端建立良好的客情关系。通过占据当地最重要的渠道资源，提升快速流通的能力，可以快速回笼资金；并在该品类的渠道上形成相对垄断，同类产品想不通过品类经销商进入这个区域市场，将面临高出平时几倍的压力。经销商可以通过二三批等进行间接经营的方式，全面掌握区域市场。

第二，把握品类风向标，择机出手。

企业开发产品时，总是需要进行深入的市场调查工作，目前市场上销售比较好的企业是他们调查的重点，企业会从中去研究一个产品的市场开发程度，作为开发产品的重要参考。这一点是很多品类经销商没有意识到的。但一些大的经销商已经开始着手进行这方面的工作，把每个月的市场销售制成报表，不是给厂家看，而是留给自己做研究市场的基础资料。同时，这些数据可以形成一个内部权威资料，供有需要的企业有价参考。这是区域经销商的一块利润来源，也是引进新品的硬件条件，哪家生产商不愿意把自己的产品托付给一个对市场有敏锐洞察力的经销商呢？

经销商由于有着丰富的实战经验，因此更有权威性。而企业要开发区域市场，会24小时盯着这些经销商，他们正是生产企业梦寐以求的，他们可以帮助品类中的单品快速成长。有的经销商在策划工作时，由于不是科班出身，他们的策划存在一定的问题，但从实战角度上看，他们的执行力非常强。基于此，很多企业也愿意接受他们的咨询与辅导。

总之，能够抢占主导新品类的经销商，是市场经济发展的生力军，对繁荣市场经济起着举足轻重的作用。他们在经营过程中，肯定还会遇到各种各样的问题，但只要善于上联生产厂家，下联渠道终端，就能垄断当地的品类渠道，增强区域地位与区域控制权。

打造商业品牌符号，以声誉、服务提升价值

符号化生存，是经销商营销生态中重要的软实力。声誉和服务作为经销商的两个商业品牌符号，是经销商价值与能力体现的重要形式。声誉和服务传达给外界的是经销商的形象，影响着经销商在行业内所处的位置，影响着经销商各种商业上的伙伴对其关注的程度如何。好的声誉和服务，能够提升经销商的商业品牌的价值。

第一，声誉是一种"无形资产"。

在经销商的价值创造中，声誉是一种"无形资产"。良好的声誉可以吸引优秀的员工，增强员工的自豪感、归属感和对工作的责任；良好的声誉可以获得客户的青睐，提高顾客的忠诚度；良好声誉形成的网络资源吸引力，能进一步提高经销商在社会网络中的声誉和地位。

河南省副食品有限公司作为茅台、五粮液、剑南春等全国名酒品牌的战略合作商，成立50多年来，始终坚持"真酒、平价"战略，推出"假一赔十"的服务承诺，公司与名酒厂家签订经销大单，保证产品出厂装车时打上统一签封，由专人押送车辆，严格验收入库手续，产品出库配送时，由公司专人专车负责送货，并要求接收方填写"商品送达签收单"，核对送货人员身份、货物品种及编号等。整个配货及送货过程，河南省副食品有限公司至少要有两个以上部门参与，严格控制酒品仓储配送的流程，此外，酒品送达客户验收后，省副食要求不能再退货、换货，避免假酒回流公司，确保酒品质量。

河南省副食品有限公司严格按照以上规章流程办事，无论名酒市场价格

是涨是降，只赚取合理的利润，从不虚报售价谋取高利，以平价策略提升顾客忠诚度，并不断完善服务模式，构建 VIP 会员积分模式，不断增加会员的附加值，先后投入数百万元构建会员数据库，减少中间流通环节，强调消费者增值保值服务，实现与消费者零距离消费购买，以最低的成本让消费者得到真正实惠。

河南省副食品公司五十年如一日，通过持续打造"省副食、酒真价实"这个商业品牌，树立了良好口碑信誉，成为河南名酒经销商的金字招牌，在河南只要买名酒，首先想到的就是河南省副食品公司，省副食品公司成了名酒真酒的代名词。

如今，"省副食，酒真价实"这块金字招牌，已经成为河南白酒行业和老百姓的共识。经过 50 多年发展，河南省副食品有限公司已经成为河南省糖酒行业规模最大、信誉最好、实力最强的龙头企业。2013 年，河南省副食品有限公司名酒整体销售额突破 5 亿元。茅台、五粮液、剑南春、泸州老窖等名酒的单项销售量均居全国同行前列，其良好的商业信誉赢得众多酒类经销商的称赞和学习。

对经销商来说，声誉比业绩更重要。良好的声誉和公众形象，是经销商在区域市场做大做强的前提。得声誉者得市场，失声誉者失市场，甚至会招致灭顶之灾！

第二，做足售前、售中、售后的服务功课。

市场竞争越发激烈，生意越来越不好做，即使面对各种形式的促销，大家也都已审美疲劳，效果越来越差，在新的经济形势下，经销商应该怎么办？除了选择质量优良、适销对路的产品，做差异化促销拉动外，还需要在一些竞争软件比如服务上下功夫，做好服务管理，提升服务水平，也许才是同质化竞争条件下的唯一制胜法宝，经销商如何才能做好服务管理呢？就是做足售前、售中、售后的服务功课。

售前是销售的前提和基础，售前做得好，可以更好地吸引顾客上门或增加顾客在门店停留的时间；售中就是把自己和产品推销给顾客，售中决定了能否成交；良好的售后，可以促使顾客多频次或改善型购买，甚至可以成为"意见领袖"而影响、带动别人购买，它甚至可以形成口碑效应，实现品牌的低成本传播。

在全球经济一体化、经济滞胀的新形势下，经销商必须把服务提升到与营销同等的高度，二者彼此呼应，相得益彰，才能在产品同质化的今天，找到市场增长的突破口，才能领先一步，从而获得市场的先机，更好地提升自己的市场份额。

某消费者从一个汽车经销商那里购买了一辆新车，不到一个月后发现车门上有一尺半左右的裂纹，维修中心认定，车门是出厂后受损并重新喷漆，责任不在厂家。消费者认为购车办理手续时留下的照片显示购车时车门就有明显的喷漆色差，因此损伤应由经销商负责。消费者认为，车门有损伤，而又无法确定车的其他部件是否也有损伤，因此要求换新车，经销商拒绝并称"只能修，不能换"。

厂家的回复是，经销商应当对此事负全责，并在反馈给投诉中心的意见中称：经销商与用户协商时，提出两条解决意见：一是更换中滑门并赔偿用户 2000 元；二是退车。但用户不同意，要求高额赔偿，因此双方无法达成一致。

消费者向投诉中心反映。律师认为，按照《中华人民共和国消费者权益保护法》和《中华人民共和国产品质量法》的相关规定，厂家和经销商不得对产品以次充好、以假充真。现有照片证明消费者购车时该车就存在质量问题，经销商是将有问题的车以次充好卖给消费者，违反了以上法律的规定。同时律师认为，经销商明知汽车有质量问题，还当新车出售给消费者，主观上存在欺骗消费者的故意，客观上实施了欺诈消费者的行为。

最后，该汽车经销商给消费者换了新车。

良好的信用对经销商的长远发展起着举足轻重的作用，只有本着真诚的态度，一切对消费者负责，出现问题后积极协商并合理解决，才有可能构筑与消费者之间的良好关系。投诉中心作为企业和消费者之间的沟通桥梁，解决问题的基点是双方的诚意，经销商包括生产厂家应当信守自己的承诺，对消费者和投诉中心都要负起责任。

总之，经销商只有提高声誉、提升服务水平，才能打造出商业品牌。它所产生的影响力会改变经销商所经营事业的发展方向，突出经销商的专长与优势，从而奠定经销商发展事业的根基，为其事业赢得更多发展机会。

第六章 区域市场开发变革与创新

区域市场是整个市场营销的关键环节，是经销商的核心工作所在，对其既需要做长期战略性建设和营造，又需要根据市场变化不断修正、完善、创新与变革。

创新是区域市场开发建设的灵魂。经销商在区域市场开发建设过程中，只有注重产品创新、定价创新、渠道创新、促销创新和服务创新，才能适应时代的要求并稳固立足其中。

产品创新：产品定位，走差异化路线

产品差异化指企业在提供给顾客的产品上，通过各种方法造成足以引发顾客偏好的特殊性，使顾客能够把它同其他竞争性企业提供的同类产品有效区别开来，从而达到使企业在市场竞争中占据有利地位的目的。在微利时代，借助现有的渠道，通过产品定位，走差异化路线寻求利润补充，成为很多经销商的一种盈利手段。

老张是山东一家复合肥厂的总经销商，对农资销售一直有着独到的见解。他凭着自己的独特见解，不盲目照搬以前的经验，没有陷入僵化的思维模式，在与生产厂家联合推广新型产品方面闯出了一片新天地。

近几年农资市场竞争异常激烈，肥料产品同质化严重，千篇一律，在历经了同质化的痛苦煎熬和跋涉之后，张经理逐渐意识到只有打造差异化产品，经营名牌，农资事业才能长足发展。老张认为，既然价格咱拼不过别人，那就只有想办法把产品做出差异，这家复合肥厂这几年一直在开发新产品，也许有办法帮自己解决这个问题。于是，他抱着试试看的想法，再次来到了这家复合肥公司。

功夫不负有心人，正如老张所料，这家复合肥公司的领导层也早早地意识到了这种新趋势，公司在保证产品质量长期稳定合格的基础上，根据市场需求，已经连续推出了硫化二铵型、磷酸二铵型、秸秆快腐补钾型、氨基酸免深耕型、生化复合黄腐酸型复合肥料及复合微生物菌肥等一系列小麦底肥新产品。由于现在农民对土地"只种不养"，施有机肥数量逐年减少，造成土壤板结严重，根系下扎困难，产量不高。针对以上情况，厂家在复合肥料中加入了腐殖酸、微生物菌以改善土壤结构，提高地力，调节土壤水、肥、气、热平衡，促进根系下扎，增强作物的抗寒抗旱能力，从而提高作物产量。

听了厂家技术员的介绍，看到这么多的新产品，老张原来的沮丧烟消云散，正愁这季小麦肥怎么卖呢，这下赶上好时机了。老张又恢复了当初做农资生意时的活力，回去立即组织基层网点经销商来公司参观，了解公司新产品的功能，给他们吃一颗定心丸。

老张一直认为，"产品差异化，品牌来当家"。经营差异化产品，出发点必须把握好，那就是必须经营知名厂家的产品。首先大厂家的产品不会造假，质量信得过；其次大厂家有广泛的群众基础，人们容易认可，这也是他选择代理这家化肥产品的原因。否则经营再多不同的产品，销量也不会上去，反而会起反作用。

思路决定出路，定位决定角色，像老张这样的经销商还很多。

河南姚花春酒业通过对市场渠道和消费者的深入调研,洞察"70后"和"80后"中青年消费者的饮酒需求,并且逐步成为白酒的主流消费人群。这一人群业余生活丰富,有一定的时间与空间,独立意识较强,具有自己独立价值观。他们有超前的消费意识和购买能力,追求酒包装个性化,偏向于低醉酒度,口味需求由传统"香"向现代"味"方向转变,入口柔和、容易下咽、醒酒快、酒后舒适逐渐成为评价酒质好坏的标准。对此,姚花春酒业经过近两年科技攻关,进行口感创新,开发出了"柔雅"型系列白酒,通过品类创新,拉近与消费者距离,满足新一代消费者饮酒需求。

姚花春"柔雅"系列和"梅香"系列白酒具有以下差异化特点,如表6-1所示:

表6-1 姚花春"柔雅"和"梅香"系列白酒的特点

特 点	释 义
定价创新	姚花春将"柔雅"系列白酒定价为30~68元,符合当前县乡市场白酒主流消费价位,且主推产品"绿柔雅"为40元,是乡镇农村市场最上量的价格档位。将"梅香"系列白酒定为90~160元,用提价顺应了消费升级的趋势,迎合政商务社交用酒的面子需求
口感创新	产品以"入口绵柔、反应舒适、醒酒快"为口感风格特点,符合消费者"顺口、能多喝"的消费需求
品名创新	"柔雅"直接以口感特点为产品名称,诉求明确,快速占有消费者心智。"梅香"则突出年份窖藏概念,符合"陈年酒是好酒"这个消费者对白酒最普遍的认知
产品线创新	"柔雅"产品以红、绿、蓝为3个产品进行区隔,形成夹击包围之势,有利于抵御竞品攻击。"梅香"产品则可以根据年份的不同进行产品的升级,规避了产品老化后升级困难的问题
包装创新	"柔雅"和"梅香"系列均采用时尚的包装彩色(如红色、绿色、蓝色),增强视觉冲击力。"柔雅"产品以高档瓶子和外包装突出性价比,让消费者感到物超所值。特别是"梅香"的包装更有创意,以粉色梅花为主调,且瓶盖本身就是一个小瓶酒,内装62度酒头酒,大瓶体内则装50度酒,根据消费者喜好,可以随心所欲自由勾调酒度
酒度创新	"柔雅"系列则从当地流行的52度降到了46度。降度让消费者可以多饮慢醉,又因为可以适当多喝、饮后反应舒适传达出了"好酒好品质"的意图

2013 年，姚花春酒业主导产品"柔雅"和"梅香"系列产品推入市场后，以差异化的产品定位和高性价比的包装质量，一举获得成功，上市仅半年时间，新品"绿柔雅"单品销量突破 10 万箱，基层终端网络覆盖面大大提高，品牌群众消费基础得到了有效巩固，成为支撑品牌打通渠道提升市场占有率的核心产品之一。鄢陵市场导入根据地模式，经过一年的系统化运作，总体销售额实现两倍增长，成为许昌区域第一白酒品牌，为姚花春酒业实现"豫酒第七朵金花"战略奠定了坚实发展基础。

总结许多经销商实现产品差异化的成功经验，可以得出以下的策略和方法：

第一，分销渠道差异化。

分销渠道差异化是在同类产品中根据自己的产品差异和企业的优势，选择合适的销售渠道，以方便消费者购买，这样就要求企业在交易地点、空间距离与交易手段、交易方式、结算方式、送货上门、服务手册等方面提供全方位的方便。如在地理位置上，经销商可以利用企业产品的生产地和销售地的地理便利为基础，由此带来位置和运输上的好处。这种地理差异对于经销商节省成本、广揽顾客有着重要作用。

第二，促销差异化。

产品差异对消费者的偏好具有特殊意义，尤其是对购买次数不多的商品，许多消费者并不了解其性能、质量和款式，所以，经销商应通过广告、销售宣传以及公关活动给消费者留下偏好和主观形象。

第三，服务差异化。

在现代市场营销观念中，服务已成为产品的一个重要组成部分。服务是没有止境的，经销商可以通过优质服务，提高消费者的满意程度，从而产生消费者忠诚，通过消费者满意度的不断积累，通过消费者的口碑效应不断增加新的消费者忠诚。在这当中，实施产品的差异化。经销商可通过训练有素的职员为消费者提供优质服务、缩短结账时间等，满足消费者的合理的差异需求。事实上，许多消费者不仅乐意接受优质服务，而且愿意为产品中包含的信息和训练支付费用。需要指出的是，经销商有必要将服务的层面加以扩大，不仅重视售后服务，还应对售前服务、售中服务、咨询服务、技术指导等方面给予重视。

第四，价格差异化。

价格差异化是产品差异化的重要市场表现形式，因此可以通过价格差异化，来反映产品差异化。价格差异化是在充分考虑产品差异、消费者需求差异、时间差异、地点差异等基础上，以不反映成本费用的比例差异而制定不同的价格。如果经销商在区域市场有足够的影响力，或者与生产厂家协调得很好，都可以在价格方面制定出较低价格，形成竞争优势。

第五，优化品牌形象。

品牌虽然处在产品形式层，但对于产品的意义已超越了简单地区别于其他产品的标记，它更多地表示产品的形象，它是产品差异化的外在表象。如果想在众多的同类产品中引起消费者的注意和知晓，使消费者产生购买欲，这就需要经销商通过设计和实施品牌战略，提升和塑造品牌形象，突出个性，创造品牌形象差异优势。

总之，经销商作为营销通路上的一个环节，主要的功能是一个"转承启合"的作用，比如把厂家的产品及营销政策传递到下一级网络，又把下一级网络的需求和意见传递到厂家。在这个传递的过程当中，由于多方面因素的制约，经销商极有可能沦落为一个"仓库"，仅仅起到转移库存的作用。但是，如果经销商能够进行产品创新、产品定位，走差异化路线，就能发挥好自己应有的功能。

定价创新：从卖价格到卖价值

经销商应放弃"价格第一"的策略，转为通过服务来创造"价值"。要想实现"价值导向"的策略，经销商需要对自身赖以生存的价值有清楚的认识，了解自身实力到底体现在哪些方面。经销商要对自己在联盟中的地位、作用和价值有清楚的估计，不盲目地以"奇货"自居，凌驾于制造商之上；也不要一味地妄自菲薄，好像离了制造商的支持就无法存活似的。

深圳元征电子有限公司从 2003 年起，就到美国开拓市场。该公司老总说："我们说自己的产品便宜，英文就是 Cheap，在美国，大家认为 Cheap 的产品可不是什么好产品。举个例子，一件中国产品卖给美国经销商，企业给经销商的价格可能是 700 元，然后再以 1000 元进入市场，以求薄利多销。可是，对于好的产品，我们经销商往往愿意付给企业 1000 元，然后再以 2000 元的价格入市，这样双方的利润都提高了。低价的结果常常是双输。"

要"卖个好价钱"的前提就是产品质量过硬，附加值高。以这家公司代理的元征电子为例，深圳的公司有 300 多人的研发团队，后续服务也非常好，还为产品提供免费的网上升级，赢得顾客的信任。

深圳元征电子有限公司赴美已经 10 年有余，到现在已经自立门户，成立了 Launch Tech 公司，成为元征电子在美国的独家经销商。该公司 10 余年推销深圳产品的经验就是：产品不能总是以价格取胜，而应该以价值取胜。

从卖价格到卖价值，是经销商定价思路上的创新。那么，经销商能够发挥的自身价值是什么呢？

第一，经销商诚信的价值。

　　诚信是为人做事的基本之道、道德底线，无论是经销商还是制造商，诚信都是充分必要条件。作为连接产品和终端的桥梁，经销商首先要重视的就是诚信，因为只有保证了诚信，才能让上游制造商和下游客户觉得可靠，才会有深入合作的可能。

　　第二，经销商营销思路的价值。

　　思路决定出路，没有思路就没有出路，找到了思路就找到了出路。制造商往往非常关心经销商是否有清晰的营销思路，努力选择与企业经销思路相近的营销商。中国的市场营销环境处于快速变化的时期，如果没有适应新营销环境的营销思路，经销商所积累的客户、经销网络是没有价值的。

　　有的经销商只会向制造商提条件，如要求铺底资金、促销支持、销售政策等。制造商无疑应尽力提供这些支持，但任何企业都不可能无条件地提供这些支持，只有制造商从经销商那里看到希望，才会慷慨地提供支持。能够让制造商眼睛一亮的，正是经销商所提出的营销思路。制造商不怕在经销商身上花钱，但害怕花冤枉钱、害怕陷入花钱黑洞。

　　第三，经销商使产品增值的能力的价值。

　　在制造商看来，经销商有"坐商"与"行商"之分。坐店经营、等客上门的，谓之"坐商"；主动走出去、上门服务的，谓之"行商"。配送、服务能力，已越来越成为经销商的核心竞争力，因为经销商正是凭借自己的配送和服务，使制造商提供的产品增值，从而获利。经销商的盈利，不应该是靠制造商让渡、扶助，甚至于恩赐、怜悯等因素来实现。有了价值的创造，经销商才能有生存、发展的能力，才合乎正常的商业原则。

　　那些"挂羊头卖狗肉"，纯粹借某一制造商品牌捎带别的企业的高利润产品的经销商，那些一心只想窜货的经销商，漫无目的的砸价的经销商，不思对下线客户和终端消费者提供服务的老爷似的坐商，那些只想找制造商提供条件的经销商，都不能使产品增值，因而，是没有什么价值的经销商。

很多制造商现在不大愿意再寻找这种所谓"艺高胆大"的经销商，而更愿意扶持那些规模不大，但真正认同企业理念并且服务到位的小型经销商。他们通过自己的工作使产品比竞争对手的产品拥有了更高的价值，也使下游客户和消费者更认同企业和企业产品的招牌。这样，各级的认同就累积了企业和产品的无形资产。而这一切，正是企业生存与发展最需要的价值。

第四，经销商管理能力的价值。

经销商在开展终端销售中的管理，比制造商还要复杂。因为制造商的员工都在老总眼皮子底下，处于相对受控的状态；而经销商的工作人员都在市场上，很容易失控。为成千上万的消费者提供服务更不是一件简单的事。

经销商的管理能力在于管理人、管理货、提供售后服务和掌控市场信息并做出经营决断等多个方面。有的经销商从观念上就犯了错误，认为自己只是在给制造商打工，而不是作为经营主体存在，这样的经销商如何能进行综合性管理呢？

在制造商看来，如果没有管理能力，经销商的规模越大，风险也越大。与先货后款的代销不同，经销商必须先支付款项然后制造商才发货。因而经销商管理能力为零，则无法规避风险，只会一味地转嫁责任，轻则只能做传声筒，重则使制造商感到有负担，双方苦不堪言。

第五，企业家型经销商的价值。

一些经销商赚钱以后，有的已经不再亲自打点生意，把生意交给家人或朋友，甚至是雇员打点；有的对过剩经济时代的微利经营丧失了兴趣和信心。

对企业家型的经销商来说，是把经销产品当成事业来做，不单纯只顾赚钱，而明确知晓赚钱也是为了把事业做大。要把事业做大，就要全身心投入、坚持不懈地奋斗。经销商的决心、毅力和对事业的投入程度，通常与市场的培育程度成正比。制造商最喜爱那些"两耳不闻窗外事"、一心专营代理产品的经销商，当然也对这些经销商给予大力扶持。

不难看出，企业家型的经销商是最受制造商青睐的经销商。其显著特点是：把商业当作事业来做，而不只是当作生意来做；利润是未来的成本，赚来的钱将会投入扩大再经营过程中，而不是有钱后只图享乐，甚至沉湎于声色犬马。

总之，经销商的综合运营能力的提升，能够让制造商刮目相看，能够为客户提供更好的服务和更大的"价值"，到了这个时候，经销商也就不需要通过价格促销来实现业务的增长了。

渠道创新：互联网带来分销渠道创新

经销商店小不行，店大店多成本高又不赚钱，行业利润率偏低决定了经销商必须利用低成本方式开发市场，在这种前提下，网络渠道构建恰好能解决这个问题。

网络渠道构建是经销商渠道创新中网络营销的核心元素。其实，从渠道分销的本质来看，网络经销与现实渠道经销所起的作用非常相似，不外乎是将企业所生产的产品通过其分销平台送到消费者的手中。只是两者的路径不同，一个是虚拟渠道，一个是实体渠道。

四川成都的小A是一家啤酒厂的经销商，他在成都市设置一个呼叫中心，然后在成都周边找一个很大的仓库作为啤酒存放基地。所有仓库的租金都由啤酒厂家来承担。在成都的每一家食杂店分别免费装一台电脑，然后以最低的价格统一安装宽带。电脑直接找生产厂家，按照分期付款的方式拿到。这样一来，每个月自己的销售收入就可以拿出一部分来抵偿电脑设备的资金。

传统的渠道分销模式就是食杂店如果没有啤酒，就会向一级批发或者二级批发的商铺电话订购，然后由一级批发商或者二级批发商直接送到食杂店。而小A这个网络分销渠道模式就是直接由食杂店在网上订购自己所需要的啤酒信息，自动生成订单之后，由呼叫中心通知仓库，让仓库联系外包的运输公司送货。这样一来，节省了很多人力、物力、财力。这是一个对厂家、经销商、消费者都有利的事情。

从小A创新渠道的效果可以看出，网络分销渠道更快捷，受地域、贸易壁垒的影响较小，具体地说网络分销的优势更多地体现在节省中间环节，而传统渠道会涉及各级分销商、代理商、经销商，甚至还需要针对各地的不同，设立大小不等的办事处、分派业务员若干。网络分销渠道不只是加强了渠道的控制，节省了资源，而且联系比较简单，无论怎样的渠道。

对于传统经销商来说，网络营销并不是难题，关键是找到适合自己的营销控制策略。因为网店与线下实体店的目标消费群并不相同，只要经销商针对线上线下不同的消费人群，在货品上进行适度甚至完全区隔，就能使每个营销渠道达到和谐统一，相得益彰。

第一，选择适合自己的网络分销形式。

经销商应该根据自己的实际情况进行合理选择，以保证运营工作的正常进行。因为任何网络分销形式都要回归实体，要借助物流、仓储等方式进行商品的传递。

经销商的网络分销可以分为代理、代销和批发3种形式：网络代理是通过与供应商建立分销关系，在网店上展示供应商的产品，当顾客下单时，直接让供应商发货，然后供应商收取代理费和成本价，而代理商获取差价利润；网络代销是把相中的商品的图片和信息添加到自己开设的网店里，当有顾客需要时，负责介绍商品并促成交易成功，通知商品所在方代为发货，然后靠差价获得收入；网络批发是把自己的货品通过自己创建的网上分销平台展示，把相中的商品直接在网上下规定数量的订单，付款拿货或压款经销的形式。

第二，建立门户网站。

门户网站的本质就相当于一个户外广告，做户外广告最重要的就是选择一个好的口岸，只有选择的口岸好，当然路过的人才会多，才会有更多的人有机会看得到你要宣传的东西，你才会有机会赢得你的消费者。门户网站跟传统的广告本质上是一样的，只是方式不一样而已，属于一种基本的电子商务分销渠道。

第三，吸引用户的注意力。

建立了门户网站，接下来要解决的就是你如何吸引客户的吸引力，在网络之中就要称之为"点击率"。门户网站靠流量，你如何判定你的广告被人家看到，唯一的一个标准就是看点击率。有了一个好的口岸，很大程度上又吸引了用户的点击率，这就距建立有效的电子商务分销渠道近了一步。

第四，通过导购让生产者与消费者对接。

网络分销渠道讲的导购跟传统的分销导购有着本质的区别，传统的是实物的传送，互联网导购是让生产者与最终用户有一个对接，这个对接是什么？如何让这个对接有效运行？接下来就看看淘宝网的导购模式。

大家一提到淘宝，就会觉得淘宝才是电子商务的典范，是电子商务的代表，其实不然，与传统的分销渠道相比，淘宝模式并不是真正意义上的电子商务，它的本质就是为实体店提供一个网络的销售平台，跟传统的大卖场没有什么本质上的区别，传统的大卖场，是消费者因为有这个商品而去消费，同样，淘宝模式也是这样，因为消费者觉得有，才会去网络上搜索购买。这二者看似形式不一样，其实本质是一样的，所以，淘宝模式只是一个简单的让那些商家跟用户的一个对接而已。它没有实际的灵魂，仅仅是提供了一种方便。

有了导购模式，还要进行个性化的导购。网站要是做到个性化的导购，必须是基于对用户十分了解的情况之下，充分知道用户的需求，充分地挖掘每一个用户的数据，甚至可以做到搜索数据，然后对数据进行整合拼单之后，再主动地推送给消费者。亚马逊的运营模式就把这种个性化导购做得十分到位，只要有一次够买，都会保存记录，下次自动会跳出来您购买过类似的东西。针对每个用户都是个性化的主动推送、主动导购，这才是互联网分销渠道的精髓所在，也是今后的互联网分销渠道的一个趋势。

第五，策划网络渠道促销活动。

经销商需要策划一些网络渠道促销，购物卡渠道促销方案、团购与节庆、渠道促销方案、永不落幕的网上特卖会（银行）渠道促销方案等。正如线下世界进入沃尔玛卖场，要进行堆头促销，要派促销小姐现场导购。

第六，进行网络推广。

经销商还要将网络分销渠道与网络推广结合起来，如进入了新浪商城，在新浪做广告促销，进入了迅雷商城，利用迅雷的推广资源进行渠道促销，形成整合的推广效果。这种进入渠道再进行渠道推广方式，比现在单纯打网络广告的方式推广幅度可以提高好几倍，从而达到树立线上品牌、建线上渠道、促渠道销售全面整合的效果。

总之，一个经销商要发展或者引用网络营销渠道，必须了解传统渠道和新型网络营销渠道的区别和联系的本质，这样才能在市场经济中处于永远的领先地位。在此基础上，选择适合自己的网络分销形式，建立门户网站，吸引和提高"点击率"，最终实现生产者与消费者的对接，也要运用网络渠道促销策略和推广策略来创收。经销商只有研究互联网分销渠道的本质和未来的发展趋势，积极投入进去，才能运用互联网分销渠道获得更多的收益。

促销创新：消费者沟通体验互动成为传播主体

社会的进步，经济的发展，导致消费观念的变化，必然促使经销商促销方式的转变。经销商促销时需要传播的不仅是广告，更是一种理念、知识、体验，需要更精准、更有效、更能促进销售的传播效果。事实上，经销商在促销过程中，体验互动式促销能够左右消费者的选择权。

有关专家指出：一个人亲身体验的事，其记忆的深度将大大强于以其他传统方式的获知。因此，提供产品或服务基本功能作用之外的体验来满足消费者内心的需求，应当成为经销商促销方式转变的一种重要趋势。通过视觉、听觉上的"耳濡目染"和触觉上的"爱不释手"，从而使消费者在心理上对产品产生信任和依赖。

通过消费者的体验来实现销售业绩，应该成为经销商互联网促销创新的主体。在通过消费者体验提高销售业绩这方面，手机生产厂家小米科技有限责任公司的"饥饿营销"，对进行互联网营销的经销商具有启示意义。

饥饿式营销是在孟子"君子引而不发，越如也"的基础上演变而来的，类似于囤积货物、待价而沽。西方经济学中的"效用理论"，是指消费者从对商品和服务的消费中所获得的满足感，它属于一个心理概念，具有主观性，这一常识在营销学中被称为"饥饿营销"。所谓"饥饿营销"是指商品提供者有意调低产量，以期达到调控供求关系、制造供不应求"假象"、维持商品较高售价和利润率的目的。

2011年8月1日，小米社区正式对外上线。8月16日，小米手机发布会暨MIUI周年粉丝庆典在798举行，小米手机1正式发布。小米公司CEO雷军凭借强大的号召力和个人影响力，组织了一个研发团队，首先将精力投放在 MIUI 操作系统的开发和跨平台、跨运营商的手机社交工具——米聊方面。MIUI 和米聊在短时间内就迅速聚拢强大的人气。在这种情况下，小米团队让用户也参与手机系统的开发，并打出"用互联网的方式"打造一款"最符合中国人使用的手机"旗号。

2012 年 8 月 23 日 10 时，小米手机 1S 首轮开放购买正式开始，官方给出的公告显示，20 万台小米 1S 已经在 29 分 36 秒内被全部抢完。截至 2012 年 10 月 10 号，小米总销量超过 500 万台，而这 500 多万台手机从手机首台开放购买时间计算一共花了不到 10 个月的时间，每次开放购买都是在 10 分钟左右售罄。这是因为小米手机在开放购买日前提供网上预约服务，要真是到了开放购买的时间再去抢购，基本上是没有机会的。在中国这是亘古未有的手机销售记录，而且是由一个刚成立两年多的手机公司做到的。

小米手机"饥饿营销"的成功，为进行互联网营销的经销商带来了启示。"饥饿营销"通过立体造势，制造读者和热销局面，轻松地让购方感到紧俏压力，通过足够的宣传面可以实现对竞争对手的封杀，最大限度地挖掘其潜在消费者。但随着市场经济的发展和信息的传播，现在越来越多的消费者都已经了解和认识了"饥饿营销"的销售方式，他们不会为了某一品牌的产品而去等待那么长时间或者非要加价去买。

从纯技术手段上来看，运用"饥饿营销"时，一般会分为三个步骤：第一步是强力的宣传造势，第二步是人为造成供不应求的现象，第三步就是加价销售。

强力宣传造势是指在产品推出市场之前，运用报纸、杂志、电视、网络等各种媒体对产品进行大力的宣传，制造出一些能够足够吸引消费者购买欲望的"卖点"，促使消费者产生一种迫不及待得到该产品或服务的需求和冲动，为新产品的最终上市做好充分的准备。例如小米公司的小米手机的造势。

小米手机上市之前的一些小道消息使得消费者急切地想要购入一部小米手机一探究竟。小米公司 CEO 雷军 8 月 16 号在北京举行小米手机发布会，发布会模式仿照苹果，此后发布会视频在网上疯狂流传，雷军本人也被称为中国的"乔布斯"，小米手机凭借雷军的号召力，在一夜之间爆红。

供不应求一般是指当产品推出市场后，消费者前往购买时，却出现由于购买者"过多"，而出现"缺货"现象，消费者不得不提前预订。例如小米公司在小米手机发布会结束后，小米公司以低于市场定价（1999 元）300 元的情况下限量出售了 600 台工程纪念机，并且只针对小米论坛资深米粉出售，让等着小米手机上市的消费者，更加肯定地要买到小米手机，小米手机的价格一度被炒到 4000 元左右。这造成 9 月 5～6 日的预订中，小米公司的官网一度瘫痪，仅仅 36 个小时的预订量就超过 30 万元。

关于加价销售，在"供不应求"的情况下，如果消费者想要第一时间获得想要的产品或服务就必须要花比正常价格高出很多的高价来满足自己的需要。消费者由于受前面产品宣传造势的影响，为了满足自己的这个愿望，就宁愿多花金钱来实现。

虽然小米手机是运用"饥饿营销"取得成功的企业案例，但经销商运用"饥饿营销"还是应该要慎重，运用之前必须要考虑：产品是否对消费者有足够的吸引力和诱惑力；产品是否短期内具有不可替代性；自身是否具有进行大规模营销的实力和能力。同时，"饥饿营销"作为一种很特殊的营销方式，经销商在运用时不能与其应具备的商业道德相违背。

综上所述，经销商的促销创新应该注重消费者的体验和互动，但类似"饥饿营销"的方式成功与否，与其竞争度、消费者成熟度和产品的替代性三大因素有关。只有在市场竞争不充分、消费者心态不够成熟、产品综合竞争力和不可替代性较强的情况下，"饥饿营销"才能较好地发挥作用，否则，经销商就只能是一厢情愿。总之一句话，对于经销商而言，提高产品的性价比和美誉度才是最重要的。

服务创新：数据库营销时代下的服务变革

　　所谓数据库营销，就是企业通过收集和积累用户或消费者的信息，经过分析筛选后有针对性地使用电子邮件、短信、电话、信件等方式进行客户深度挖掘与关系维护的营销方式。经销商可以借助数据库提供的庞大的顾客信息，与顾客建立一对一的互动沟通关系，在销售活动中进行服务创新，打造服务营销品牌。

　　数据库的最大魅力是可持续性。经销商依据数据库提供的客户情况，可以把意向客户分为几类，比如一周内想买的、一个月内想买的、两三个月内想买的。在不间断的服务过程中，针对不同类别的客户，采取不同的方式。比如对一周内想买的客户，经销商会每天打电话，告知客户能提供哪些优惠、哪些服务等。

　　浙江某品牌经销商做"伊力特"赚了很多钱，但该经销商认为赚钱只是成果之一，最重要的是通过创新运作品牌，练就一支队伍，织就一张网，他认为这才是最值钱的。在他看来，仅有一个品牌是不够的，这个品牌运作得越成功，它的起伏对于自己来说风险就越大。他的解决之道，就是打造自己的服务品牌。

　　该经销商为了打造服务品牌，保证服务不缩水，推行"事业部＋共享平台"的管理模式，以此作为实现势力扩张的突破口，在2010年当地餐饮业最萧条之际，与浙江金华、宁波地区的经销商组建控股合资公司。下游经销商用合资获得的投入资金，向该经销商进货，该经销商就用这样一出一进的资本平衡术，将自己的势力迅速覆盖整个浙江省。用资本捆绑经销商，让该经销商在竞争中处于非常有利的地位，从而在与超大终端的抗衡中增加了谈判优势。该经销商通过全方位、一体化的服务，帮助下游分销商在当地做大做强，形成更强的分销能力，在自身成长的过程中，实现裂变式成长。

该经销商的供应链增值服务，并不是只做服务，不做销售，而是通过引入银行、财务顾问、人才服务、管理咨询、市场策划等专业机构加入到由他打造的公共平台上来，为分销商提供模块化、定制化、个性化的服务，最后形成集成化的商业品牌合力。

创新需要智慧，改变需要勇气，成长更需要远见。该经销商战略转型的核心，就是构建"伊力特"等酒水供应链的增值服务，实现由销售型向服务型战略的转变，通过为上游厂家和下游分销商提供供应链增值服务，使酒水供应链上中下游都可以专注于核心业务，使各自强项更强，弱项变强项，从而使整个酒水供应链的竞争力得以提升，培育核心竞争力、增强在酒水流通价值链上的话语权。

该经销商把销售让给下游的分销商做，不跟分销商抢生意，做厂家做不到的事情，真正站在供应链的角度上，把厂家与经销商的各种优势，把每个链的节点和要素都整合起来，形成一个优化组合、优势互补、资源共享的产业链。只有这样才能优化物流、采购、资金解决方案，通过帮助分销商做大来实现自己的梦想。以平台运营商的准确定位，为供应链上下游做增值服务，既有利于品牌价值的成长，又有利于市场管理和点对点服务，而服务又提升了产品附加值，进一步放大了供应链的品牌价值与商用价值。

该经销商的成功在于服务变革。在数据库营销时代，经销商以后的竞争，真正的是服务的竞争。该经销商用强大的中游平台，整合上下游，用供应链上各个环节的整体竞争力提升产品竞争力，利用资本的杠杆和平台作用，完善整个行业的供应链功能，通过服务增值，实现有效供给与有效消费，最终形成盈利合力，实现供应链的价值最大化。

任何工商企业，包括经销商在经济社会中得以生存的根本原因，是其提供的产品或服务能够满足社会既有或潜在需求。如果不能适时变革，打造服务营销品牌，就自然面临被淘汰出局的尴尬。因此，有眼光的经销商应按服务营销的标准要求自己，着力打造自己差异化的服务营销品牌。

第一，服务过程管理。

服务由不同的人在不同的时间和地点来提供，因此具有非标准化性或可变性。服务营销中的过程管理可以有效地解决这个问题。这个服务过程的管理，就是对本来无法量化的人为服务按过程进行细化，并培训人员严格按细化标准逐一完成。这可最大限度地提高服务过程标准化，进而提高服务效率，树立高标准服务质量的形象。

经销商在服务过程中应该做到：如发现公司广告画卷边、褪色或被竞品广告覆盖时，立即着手处理；用统一的语句与客户打招呼或处理异议；在货物送到后主动要求帮助零售商开箱，并摆放到客户相应的货架位置上；能按生产商对产品摆放的生动化要求摆放，做到货架上的货按生产日期先进先出、中文标识朝外，用自备的抹布擦拭产品上的灰尘；查点自己经销产品的库存，将上次进货额减去本次库存得出客户净销量，以便下次在客户货快卖完之前，不用客户打电话就能把货送到；与客户沟通了解竞争品牌的新产品、价格、促销、进货渠道等第一手市场信息和客户对自己公司经营产品的建议；接收订单并约定下次拜访时间；在下次客户订货之前，也定期回访，以保持货架产品的生动化等。

作为一个经销商，如果你能做好服务过程中的这些细节，那么恭喜你，你的服务品牌早已在你的零售客户处建立起来了。

第二，通过有形实体打造服务营销品牌。

服务是无形的，购买者为了减少不确定性，会寻找看得见的体现服务质量的标志或证据，并以此作为服务质量的判断。有形实体可以有效地"化无形为有形"，这是打造服务品牌的"视觉表现"部分。

无论在世界任何角落，只要你看到麦当劳巨大的黄色"M"标志，就知道那里肯定能在最短的时间里买到热乎乎的汉堡包。这个巨大的"M"就是将麦当劳无形的"快捷、方便、卫生的服务"概念有形化了。

经销商应该调研你的客户，并根据你的企业战略和能提供的差异化服务战略，设计出你的细分市场喜欢的标识，印在你的送货车上、送货员的制服上，以及名片、信封、订单、传真上，总之是一切可以向利益相关方传递你高标准服务质量和核心竞争力的载体上。给人传递视觉感受的过程，就是打造服务品牌的过程。

第三，着力提升员工服务素质。

服务的提供者是员工，无论多么完美的服务设计也要由人来完成。毋庸赘言，员工素质是服务质量的重要保障，对服务业员工的培训更是提高服务生产力的关键。

经销商在服务营销过程中应该按照这样几条建议来管理员工：招聘、培训并留住高素质的员工；化整为零，真正在细节上将员工的服务工作量化，做到无形服务的质与量都能够以数字标准衡量，建立以衡量结果为依据的绩效考核机制，并将绩效考核结果直接与薪资管理制度相结合；设立上游、下游客户意见箱或免费投诉电话，通过被服务客户的监督可以有效提高服务质量；没有满意的员工，就没有满意的顾客，因此要提高员工满意度，在服务流程标准化管理中不要把员工当成机器，忽视员工的感受。

总之，在数据库营销时代，经销商只要在变化中进取，在进取中变化，积极探索、创新服务，就能在服务标准上为上游生产商和下游分销商所接受——生产商将更放心地将品牌交给你运作，分销商将更乐于在你那里进货并享受专业化的客户服务。

第三部分

区域突围：组织管理及营销模式升级

第七章　组织管理者定位及变革

　　经销商的销售组织现状如何？适宜采用什么样的销售组织？在区域市场遭遇扁平化和低毛利的情况下，经销商组织管理者的定位及变革是大势所趋。因此，管理者应该从战略角度来思考销售组织的定位问题，并采取积极的变革措施。

　　经销商组织管理者的定位及变革涉及这样几个方面：一是厂商定位问题，二是领导层角色定位问题，三是建设标准化的营销组织平台问题，四是打造自己的业务队伍和下游分销商队伍问题。解决了这几方面的问题，才能使销售组织适合经销商企业的生存与发展。

厂商定位：厂家负责"营"，商家负责"销"

　　在渠道争夺战日益激烈的今天，谁拥有了渠道，谁就拥有了市场，而谁拥有了经销商，谁就拥有了渠道，谁就能在商业社会中立于不败之地。但由于利益的问题，在厂家、商家二者的定位及关系问题上，一直困扰着很多从业者。其实，能够处理好这些问题，双方就会形成一个共赢的局面。现实中也不乏这样的例子。

梁总在立邦做经销商有 10 多年时间，在市场上摸爬滚打了很多年，对于经销商群体非常了解，有很多经验。对于经销商和厂家的关系，他认为自己和厂家完全是一个共赢的关系。在他看来，经销商和厂家实际上是不同的利益群体，代表着各自的股东的利益。在这个过程中，每个企业都希望把自己的利益或者说利润最大化，这是企业存在的价值。在这种情况下，厂家和经销商在利润最大化问题上，可能就会有分歧。但是这种分歧给他的感觉是首先自己作为一个经销商，要站在厂家的角度考虑这个问题，作为厂家来说，也要站在经销商的角度来考虑经销商的利润问题。大家都知道，要想做成这一件事情，谁也不可能饿着肚子去做，在这种情况下，大家通过这种协商是可以达到一种妥协，因为经销商和厂家的战略目标是一样的，在这个基础上，解决这些问题，虽然很难解决，但是是可以解决的。因为二者大的方向是一致的，目标是一致的。

正是在这样的理念指导下，梁总的公司拥有立邦漆在北京地区批发、专卖店、应用中心、专业施工等业务，年销售超数亿元，成为业内最大的涂料销售专家。

厂家和经销商的本质，简而言之就是，厂家负责"营"，商家负责"销"，二者结合起来就是"营销"，即根据市场需要组织生产产品，并通过销售手段把产品提供给需要的客户。然而自古以来，厂家和经销商在区域市场就是一种相互合作和利用的关系。

厂家是制造商，就是生产制造实物产品的企业。厂家通过开发生产有竞争力的产品，在市场上取得消费者对品牌的认可和产品的购买，获得生存发展。对厂家而言，经销商是厂家实现产品与消费者进行交易的一个渠道环节。经销商属于经销商范畴，在这里特指取得厂家经销权的区域经销商。经销商实质是渠道商，他通过比较后购买到在本区域内有竞争力的产品经销权，由此获得对本区域下游渠道即数量众多且分散的零售商的领导地位和话语权。

厂家和经销商有一个最重要的共同点，就是在这个区域市场上要共同实现"商品到货币惊险的一跳"并实现盈利。

在区域市场中，经销商与厂家要想在这种你中有我、我中有你的动态中取得平衡，就要将自己最擅长的与目标顾客最需要的结合在一起，也就是定位，并协调好双方的关系，这样才不会在关键的"节点"上出现动荡，在博弈中合作，在合作中共赢。

第一，厂家负责"营"。

厂家负责"营"的范围，包括产品定位、产品研发、品牌传播、协助产品动销、合理调控渠道价格等。

一是产品定位。产品定位是指企业的产品及其品牌，基于顾客的生理和心理需求，寻找其独特的个性和良好的形象，从而凝固于消费者心目中，占据一个有价值的位置。其重点是在对未来潜在顾客心智所下的功夫，为此要从产品特征、包装、服务等多方面作研究（见表7-1），并顾及竞争对手的情况。

表7-1　厂家产品定位依据及内容

定位依据	定位内容
产品功能属性定位	解决产品主要是满足消费者什么样的需求，对消费者来说其主要的产品属性是什么
产品的产品线定位	解决产品在整个企业产品线中的地位，本类产品需要什么样的产品线，即解决产品线的宽度与深度的问题
产品外观及包装定位	产品的外观与包装的设计风格、规格等
产品卖点定位	提炼出产品的独特销售主张
确定产品的基本策略	做市场领导者、挑战者、跟随者还是补缺者，以及确定相应的产品价格策略、沟通策略与渠道策略
产品的品牌属性定位	主要审视产品的上述策略的实施与企业的品牌属性是否存在冲突，如果冲突，如何解决或调整

定位步骤，其一是分析本公司与竞争者的产品。分析本身及竞争者所销售的产品，是定位的良好起点。其二是找出差异性。比较自己产品和竞争产品对产品目标市场正面及负面的差异性，这些差异性必须详细列出适合所销售产品之营销组合关键因素。有时候，表面上看来是负面效果的差异性，也许会变成正面效果。其三是列出主要目标市场。其四是指出主要目标市场的特征。将目标市场的欲望、需求等特征一一简单扼要地写出。其五是与目标市场的需求，接着就是把产品的特征和目标市场的需求与欲望结合在一起。

二是产品研发。产品研发要进行标准化操作，为此要做到以下几点：其一，建立研发机构，确立组织体系，编制研发制度，强化制度实施；其二，深入市场调查，做好市场评估，确立研究方向，深入开发研究；其三，落实研发思路，确定产品结构，结合研究理论，制定企业标准；其四，产研相互结合，落实产品试制，强化品质管理，确保产品合格。

三是品牌传播。企业要善于积累风险防御的体系和经验，发现品牌传播过程中的敏感之处，更好地实施大规模的品牌传播。其一，量体裁衣，不同阶段采用不同方式；其二，要着力强化公众的品牌记忆；其三，控制传播过程中的风险。

四是协助产品动销。动销，是所有企业每年都要面对的命题，但很少企业知道到底制约市场动销增长的关口在哪里。动销的关口是"产品关"！如果产品出了问题，其他策略无论多么精彩，都如隔靴搔痒，解决不了根本问题，为什么？因为消费者最终买的是产品。而且，一旦产品有问题，广告打得越好，企业动销下降的速度越快。所以，任何一个企业必须在"产品关口"下功夫，一定要问自己：我的产品是消费者迫切需要的吗？我的产品体现消费者关键购买因素了吗？我的产品利益能被消费者感知吗？这三个问题决定产品关口能否顺利打开，直接决定产品的市场动销速度。

五是合理调控渠道价格。一定要控制好渠道，才能避免价格战。要多参加国内的展会，来寻找年轻一代的经销商。厂家的应对策略是建立新品牌，来控制经销商的货价。但又可能出现一些代理商拿一部分授权产品，再去拷贝翻做，会严重损害企业品牌的现象。因此，建议厂家在代理授权书上制定渐进式目标，两个月内订单多少，六个月内达到多少，及时淘汰代理商，也有利于制止代理商拿授权产品拷贝的情况，不会对产品品牌造成长期影响。最重要的是统一渠道价格，调高渠道利润，加强渠道管理和维护。

第二，经销商负责"销"。

经销商负责"销"的范围，包括资金占压、扩充网络、物流配送、协调与厂家的关系等。

一是资金占压。经销商的资金占压一般有两种情况，一种是经销商自身资金有限，另一种是资金流管理不善，被大量沉淀到渠道和终端。从长远来看，经销商解决资金困局应从三个方面入手：第一，建立具备真正意义上的财务核算体系，挖出隐形亏损产品，从而给自己的资金松绑。第二，制定产品线，控制增加新产品；减少库存，增加周转，清理部分收益较低且占压资金较多的产品及下游客户。不见得所有的厂家都是利润的贡献者，也不见得所有的下游客户都有价值。因此，该精简的要精简，该砍掉的也不要手软。第三，创新对外部资金的获取渠道和融资方法，广开渠道，吸引外部资金进入，以缓解资金之困局。这是最值得经销商采取的办法，以下是几种值得借鉴的尝试。

二是扩充网络。真正能做大的经销商，一定是善于扩充网络的经销商。其一，通过自己言传身教，带出第一批队伍，只有队伍扩大了，自己才能壮大。同时，通过设立相应的组织机构，招聘专业人员，实行分工负责。其二，弥补网点覆盖。影响区域市场销量最重要的指标是有效铺市率，因为只有被消费者看得到、买得到的产品才会被卖掉。其三，强化重点渠道。重点渠道是指对产品的销量提升、知名度提高或品牌的影响力产生重大影响的渠道，对于企业的产品来说，网吧、学校、加油站、大超市等渠道是核心渠道。按照渠道情况对人员、产品和市场进行调整后，提升该市场的销量。

三是物流配送。经销商的物流配送在运转过程中，必须努力为自身探索降低成本的道路，在进行配送活动时，力求流程成本的最小化。其一，注意协调总体成本最低同个别物流费用降低之间的关系，坚持总体成本最低的思想。其二，实施物流成本预算管理，按照承担管理责任的各个部门或个人编制预算，明确责任，同时配合进行业绩分析和评定。其三，必须按照配送合理化的要求，在全面计划的基础上制定科学的、距离较短的货运路线，选择经济、迅速、安全的运输方式和选用适宜的运输工具。其四，合理的规划是降低运营成本的重要措施，在淡季，通常车辆和人员都有一定的空闲，这时可以安排工作人员开车到周边市场开发新客户，拜访老客户，顺便为即将到来的旺季做市场调查，了解市场需求，以方便确定旺季时节的合理库存，以及更好地掌握价格动向和消费需求，以便在产品提价之前备货。

四是协调与厂家的关系。其一，了解厂家产品，了解得越多越好。真正做市场的厂家是很喜欢经销商这样做的，对市场负责就是对厂家负责。其二，保持与厂家高层的定期沟通和汇报。如学会用电子邮件、发信息、偶尔打打电话等。当然，要提倡一种健康的交往方式。其三，处理好与厂家驻地经理的合作关系。比如，帮助驻地经理每年完成厂家下达的任务是最重要的；多在厂家领导面前表扬驻地经理的勤奋、能干、会做市场；驻地经理的一些小费用主动帮助其承担；形成定期沟通机制，帮助驻地经理解决市场问题以及与自己公司的协调。其四，帮助厂家做好售后服务，配合厂家处理好与当地职能部门的关系。其五，理顺与厂家相关职能部门的关系。厂家的职能部门也很多，譬如广告部、策划部、市场督导部、财务部、计划部、物流部等，经销商如果不注意与这些职能部门的协调，表面上来看，关系不大，实际上关系大得很。比如，抽时间拜访；厂家职能部门人员来自己的市场公干时再忙也要抽时间陪陪以显重视，最好一起吃餐饭，聚会，顺便了解一些厂家其他市场的情况等。

总之，厂家和经销商双方要明确定位及责任，相互配合才能实现产品营销的成功。如果相互越位，没有尽到自己的职责，指望对方来完成原本属于自己该做的事，只能是竹篮打水一场空，空落指责和埋怨。

管理层角色定位：高层把握战略，中层提供标准方法，基层执行细节

随着区域市场销售模式的升级转换，一方面厂家不断对经销商提出了服务升级的要求，另一方面经销商也不断对自身的角色重新定位，不断提升。在这个过程中，经销商的管理层角色定位，一个总的原则是：高层把握战略，中层提供标准方法，基层执行细节。

第一，高层把握战略。

作为经销商高层管理者的老板，永远是那个带着队伍"向太阳"的人。不可否认，经销商公司无论规模大小，其老板起着绝对的作用。在员工少、规模小时，他们冲锋在前；在员工多、规模大时，他们更要把握发展方向。那么老板在公司中到底是个什么角色呢？

有人曾对企业家有个形象的比喻——"领头羊和牧羊犬"，这个比喻也适应经销商老板们。领头羊和牧羊犬的区别在于以下两个方面：领头羊是靠"拉动"带动羊群往前走，它只管往前，后面的羊是否掉队它是不管的。领头羊跑多快，羊群就跑多快。牧羊犬是靠"推动"促使羊群往前走，它不仅管跑得快的，也管跑得慢的，不让一只羊掉队。可以说领头羊侧重于战略：

要去什么地方，该怎么走，想明白了就赶紧启程，不用和其他羊商量。所以，领头羊是典型的战略型领导。在企业发展过程中，作为老板，无论是做领头羊还是做牧羊犬，都要清楚自己在不同时期的不同角色定位。

在创业期，老板是100%的领头羊。为了生存，这时的老板要最能干，要跑在前面，成为公司中的"领头羊"，也就是公司中最大的"业务员"，既要亲自去谈店，又要送货，还要管那几个人。

在公司发展期，老板要清楚地认识到角色的转换，做75%的领头羊和25%的牧羊犬。以前是夫妻店之间的竞争，现在是公司之间的竞争，竞争的层次上了一个新的水平，对手也都是精英。如果松懈的话，很可能被别人淘汰。在这个阶段，老板除了要抓核心销售外，还要关注员工的成长，把自己的干劲和本领传给员工。

在公司成熟期，老板要做50%的领头羊和50%的牧羊犬。在这个阶段，公司走上正轨，产业结构基本完善，盈利模式初步建成，老板需要做的一是抓大客户，适度放权；二是建立制度。对员工不仅要拉，而且要推，注重管理制度的作用。

在公司转型期，老板要做25%的领头羊和75%的牧羊犬。这个阶段是经销商公司老板二次创业，实现跨越的时期。在这个时期，老板要做的是转型的带动者，因此要格外关注公司的方向，做一只好的"牧羊犬"，发现公司方向错了，要马上拉回来。这时候，公司的文化和发展愿景，以及如何凝聚员工、激励员工，应该是老板最关注的问题。

无论是做领头羊还是做牧羊犬，老板的个人作用和公司发展紧密地联系到了一起。因此老板既要提高个人修为，又要注重公司整体的提升，让多个脑袋为自己想办法，从而让自己的脑袋做出更明智的决定。

第二，中层提供标准方法。

中层领导是经销商管理层的中坚力量，也是企业普通员工的直接管理者。

中层领导除具有管理职责、岗位职责外，还起到员工与企业决策者上传下达的传承作用，要做到承上启下、承前启后、承点起面。

中层领导是经销商营销战术的制定者，从战术层面提供标准方法。中层领导必须具备很强的应变能力和有效的战术决策能力，才能有效地贯彻上级的战略意图，实施领导行为，实现本单位的战略目标。

由于经营规模的扩大，生产技术的迅速发展，生产过程的高度复杂化以及市场竞争不断加剧，迫使企业需要迅速、及时地实施战略决策。对中层领导来说，不仅要严格地执行和组织实施企业高层的决策方案，还要发挥其作为一位领导人的影响力，通过有效的战术决策，提高方案的实施效率和效果，立足于企业和自己负责部门的全局，实施领导行为以有效地实现企业的目标。

第三，基层执行细节。

任何事情从量变到质变不是一个短暂的过程，作为一名经销商基层管理者，不仅要关注大局，更要关注营销细节，整个管理流程中任何一个环节出现问题，都会引起一系列连锁问题。因此细节问题不能忽视，包括员工的思想工作也得耐心做细，部门的管理工作也得量化、细化、精化。一个高绩效的经销商基层管理者如何在管理行为中把握自己的执行习惯，是每一个营销团队都关注的话题。

所谓"执行"，就是研究怎么说和怎么做的问题。一个企业是一个平台，这个平台让众多的经理人和优秀的员工或骨干们能够有一个有效执行的空间，它被看作是管理平台、经营平台、工作平台，也是执行的前提。

经销商基层管理者在执行战略的过程中，将战略转化成一个可执行的并且有执行语言的具体方案至关重要。只有执行语言设计得有效，才能把压力从公司的高层传递到下面去，战略有效的传承和执行是一个很重要的环节。

经销商高层决策者、中层管理者、基层执行者的角色定位各有不同，因此其应承担的责任也是不一样的。高层决策者一定要掌控公司的发展乃至公司的命运，中层管理者要从战术层面给出具体的可操作的标准和方法，基层执行者要将这些标准和方法落到实处。只有这样各司其职，尽职尽责，才能把工作做到位，把服务做到家，而角色定位也才有意义。

营销组织平台化：业务团队与后台支持系统的标准化平台

现代企业营销新观念是"三流的企业做产品，二流的企业做服务，一流的企业做平台"。平台营销业已成为现代商战的终极密码。而对于经销商来说，现在的营销已经由个人销售走向团队销售，由一次性销售服务走向终身服务，由经验式的销售走向业务流程式销售，由扩大客户数量走向提升客户质量，由明星式销售走向流程化、协作性销售。这就要求经销商构建营销组织标准化平台，通过业务团队的努力和平台系统的支持，打造出一支销售的"铁军"。

经销商在构建标准化营销平台时，需要掌握"战略决定组织，组织决定人事"的营销组织设计逻辑，根据自己的实际情况选择相应管理模式，合理设置营销平台组织架构，构建营销平台管理体系，发挥营销后台部门支持职能，促进营销专业化发展。

第一，经销商营销平台的营销团队组建。

营销平台是有灵魂、有愿景、有规划的组织，充满生气与活力，是企业战斗力的源泉。因此，营销团队的组建是构建标准化营销平台的重中之重。

一是营销团队的完整规划。在进行整体规划的过程中，经销商首先要确认需要多少人，这要根据经销商的资金实力、自己网点建设能力、分销开拓需求和整个市场的大小来决定。例如要招 10 个人，那这 10 个人都要做什么，完成什么工作，实现什么目标，以及相关人员在一段时间内要兼顾什么，都要规划清楚。尤其是根据工作的分类进行人员招聘非常的重要，如负责零售的几人、负责小区业务开拓销售的几人、负责团购和工程销售的几人、负责网络分销的几人等，哪些工作先集体攻克，哪些工作由某人兼顾推进，尽量根据经销商的实力量力而行，不要想一口吃成胖子，而应该是一步步地推进，整个团队协调和配合好，把工作一一做到位。

二是员工需掌握的工作技能与培训提升。公司销售与运营应该以人为本，其中又以员工的工作技能最为重要。因此，经销商应该在厂家的帮助和支持下，把团队成员的工作技能都一一地提升上来，包括管理技能、销售技能、解说技能、服务技能、客户开拓技能等相关工作技能。事实证明，只有通过市场的锤炼和及时的先进知识与技能的培训，能征善战的一线市场的实战营销团队才能真正地建立起来。

三是工作科学规划与分配。不论是表面上发现没有工作做的人，还是事实上发现要实现优良甚至火爆的销售实在有太多的工作要做的人，经销商都应该静下心来，针对公司的总体工作目标，科学地进行工作规划、时间安排和工作分配，使相关工作在相关的时间内由相关的人员完成从而实现相关的目标，最终通过长期和大家共同的努力，实现公司制定的终极目标。其中要注意两个问题，首先是工作规划要合理，其次是每件工作都要落实到具体的人头上，以便于整体销售的展开。

四是各负其责地严格执行与问题解决。总的原则是工作到人，各负其责；按时推进，严格执行；每日登记，督促提升；问题反馈，及时解决。

第二，建设营销组织平台化的后天支持系统。

一个优秀的经销商之所以不同于一般的传统经销商，后台支持系统的建设至关重要。事实上，只有业务队伍而没有后台服务系统，就如同一支军队，只有打仗的士兵，没有参谋部、没有信息中心、没有后勤保障部，如何能打胜大的战争？

因此，一个经销商要想大的发展，不但要有战斗力强的销售团队，还要配备策划部门、推广部门、督导部门和后台服务部门，比如客户或消费者数据的建立，这绝不是一线销售人员所干的活，而由后台人员创建。特别是在操作模式标准化越来越重要的今天，具体的操作标准化流程和制度也不是普通业务人员所能总结出来的，这都需要更专业的组织来完成。

第三，经销商营销平台的薪酬与激励。

世界上最大的哲学，是利益分配，只有令人兴奋的游戏规则才能激励所有参与者发挥最大潜能。因此，营销团队的薪酬设计与激励是使营销平台发挥后台系统支持作用的有效方式。

一是选择薪酬模式。其一是低工资高激励，这是目前一些经销商在市场拓展前期经常采用的模式，经销商往往只承担基本工资，几乎再没有什么其他的福利等。此模式激励大于工资、成长大于稳定。其二是高工资低激励，这是一些市场相对稳定，客户也相对稳定的公司常采取的模式。此模式工资大于激励、稳定大于成长，其最大的特点是可以通过高薪来稳定团队。其三是复合型，这是一些外资公司或者一些行业采取的一种模式，通过相对高的工资，加上一些按照销售比例来实现的激励机制。这种模式也是一种相对比较合理的管理，主要兼顾了个人与公司的利益，同时充分考虑了个人能动性的发挥。这种模式需要公司已经形成了一定的关键主流程运行系统。

二是激励模式。其一是薪酬激励，即通过合理的薪酬来激发员工的积极性。尽管薪酬不是激励员工的唯一手段，也不是最好的方法，但却是一个非常重要、最易被运用的方法。其二是目标激励。对于销售人员来讲，由于工作地域的分散性，进行直接管理难度很大，组织可以将对其分解的指标作为目标，进而授权，充分发挥其主观能动性和创造性，达到激励的目的。其三是精神激励。销售人员常年在外奔波，压力很大，通过精神激励，可以使压力得到释放，有利于取得更好的业绩，比如在企业的销售人员中开展营销状元的竞赛评比活动。精神激励，目的就是给"发动机"不断加油，使其加速转动。其四是情感激励。利益支配的行动是理性的。理性只能使人产生行动，而情感则能使人拼命工作。对于销售人员的情感激励就是关注他们的感情需要、关心他们的家庭、关心他们的感受，把对销售人员的情感直接与他们的生理和心理有机地联系起来，使其情绪始终保持在稳定的愉悦中，促进销售成效的高水准。其五是民主激励。实行民主化管理，让销售人员参与营销目标、顾客策略、竞争方式、销售价格等政策的制定；经常向他们传递工厂的生产信息、原材料供求与价格信息、新产品开发信息等；公司高层定期走下去、敞开来聆听一线销售人员的意见与建议，感受市场脉搏；向销售人员介绍公司发展战略，这都是民主激励的方法。

第四，经销商销售平台的绩效考评。

绩效考评是为了更好地引导员工行为，加强员工的自我管理，提高工作绩效，发掘员工潜能，同时实现员工与上级更好的沟通，创建一个具有发展潜力和创造力的优秀团队，推动公司总体战略目标的实现。

一是绩效考评分类和内容。包括：工作态度考评，包括迟到、早退、事假、加班等员工出勤、加班情况等考评；基础能力考评；业务熟练程度考评；责任感考评；协调性考评。

二是绩效管理和绩效考评应该达到的效果。包括：辨认出杰出的品行和杰出的绩效，辨认出较差的品行和较差的绩效，对员工进行甄别与区分，使优秀人才脱颖而出；了解组织中每个人的品行和绩效水平并提供建设性的反馈，让销售人员清楚公司对他工作的评价，知道上司对他的期望和要求，知道公司优秀员工的标准和要求是什么；帮助管理者们强化下属人员已有的正确行为，促进上级和下属员工有效持续的沟通，提高管理绩效；了解员工培训和教育的需要，为公司的培训发展计划提供依据；为公司的薪酬决策、员工晋升降职、岗位调动、奖金等提供确切有用的依据；加强各部门和各员工的工作计划和目标明确性，从粗放管理向可监控考核的方向转变，有利于促进公司整体绩效的提高，有利于推动公司总体目标的实现。

第五，经销商销售平台的检查系统。

在现实中，往往很多经销商对员工进行培训，也建立了考核制度和激励制度，因为不坚持每天检核、每天开晨会，结果导致培训流于形式，考核制度和激励制度不能执行。结果导致销售队伍素质和能力无法快速提升。

管理的前提是检核，检核的前提是知道。因此，经销商要建立一个客观有效的检查系统，适时、实地跟踪销售人员，确保执行到位。也就是做到事前建标准、事中掌控、事后总结，实现"以制度约束人"的规范管理，从而规范销售人员遵守规范的自觉性。例如，在每天的晨会上，根据对昨天的工作检核中存在的问题进行现场奖罚，针对做得比较好的员工进行现场奖励；对于做得不好的员工进行现场处罚。目的是让其他员工听得到、看得到、见得到。所以，每天检查，能够规范销售人员遵守规范的自觉性。

第六，经销商销售平台的文化建设。

经销商拥有一支优秀的销售团队是提升经营业绩的关键手段，只有打造专业的销售团队文化，才能推动经营目标的实现。理想的营销团队，应该具有针对性的共同的目标，明确的角色分工，大家同意的程序，相互信任的、成熟的人际关系等特点。这些特点通过以下各个方面体现出来。

一是关爱文化。它指的是对广大消费者、广大的事业参与者的一种关心和爱护，这种关爱是多维立体和无处不在的，这种关爱是无声无息的。这种文化的力量就在于能够赢来良好的事业形象，能够赢来良好的公众口碑。

二是合作文化。合作文化实际上已经成为我们今天这个时代文化的一个支柱内容。全球都在讲"合作与发展"，这个更是趋势。没有合作，可以说营销事业就无法推进。因此，在公司系统文化的建设中，合作文化的建设无疑将是其团队文化建设的主体内容之一。概括起来，它包括：合作意识、合作秩序、合作流程；合作双方的定位和共同发展；合作双方游戏规则的制定、双方权责利的界定等。

三是学习文化。"学习是通向未来唯一的护照"，这对于诸多组织和个人已成为一个颠扑不破的真理。在销售平台文化建设中必须建设这种学习文化。它包括：在整合组织系统和团队中培育学习的习惯；在公司中打造真正的学习型组织和学习型团队；经常组织与时俱进的各种学习活动。

四是推崇文化。它指的是在一种合作或者一项事业推进的过程中，参与者对这个事业平台及其周围的协作伙伴的一种由衷的赞美、信赖和合作精神，它是营销系统建设中的一大重要法宝，在诸多知名的国际企业中都被娴熟地运用着。它的有效传播能够增强团队之间、团队与公司之间的合作精神、凝聚力、信念体系，能维护系统的有效秩序。

五是耕耘文化。在销售平台文化的建设中，要推崇和贯彻执行"一分耕耘，一分收获"的思想并组织其行动。概括起来，它包括：坚决扫荡"一夜暴富、一劳永逸"的思想；坚决贯彻"按劳分配"的原则；大力倡导每天辛勤工作的必要性，表彰这种辛勤工作的结果；鼓励耕耘中的方法研究、经验交流等。

六是快乐文化。它指的实际上是在营销事业中自始至终在团队工作中建立一种快乐法则并且传播这种快乐法则。它具体包括：建立快乐的人生态度、事业态度；建立快乐的工作节奏和工作方法体系；建立快乐与痛苦的共同分享机制；建立在工作中寻找快乐、在自我实现中寻找快乐、在帮助他人中寻找快乐、在无私奉献中寻找快乐的精神理念系统。

总之，经销商构建标准化营销平台是以"营销"为核心目标进行的。没有操作平台，整个营销系统就难以运转。围绕核心竞争优势，打造相对健全的营销平台体系，是系统良性运转的有力保障，并能凸显整个经销商营销策略的规范性，是经销商区域优势的保障。

专业人做专业事：打造销售和品牌推广两支队伍

经销商要想实现自己的抱负，进一步强化自己对市场的控制权、话语权，就必须加强队伍建设。经销商应该本着"让专业人做专业事"的原则，打造两支精干的队伍——销售团队和品牌团队。销售队伍相当于常规地方军，品牌推广队伍相当于野战军，两支队伍有效配合，快速实现产品推广成功。就像解放战争时期，"三大战役"中解放军就是采用地方军与野战军相结合的策略，通过野战军突袭敌军碉堡、军火库等难攻的防区，最后取得战略性胜利。

第一，打造销售队伍。

销售队伍担负的主要任务是开拓网点，完成销售业绩，为公司和个人创收。先来看开拓网点。

表7-2　开拓网点的销售人员职责

序号	销售人员职责
1	负责产品的市场渠道开拓与销售工作，执行并完成公司产品年度销售计划
2	根据公司市场营销战略，提升销售价值，控制成本，扩大产品在所负责区域的销售，积极完成销售量指标，扩大产品市场占有率
3	与客户保持良好沟通，实时把握客户需求。为客户提供主动、热情、满意、周到的服务

序号	销售人员职责
4	根据公司产品、价格及市场策略，独立处置询盘、报价、合同条款的协商及合同签订等事宜。在执行合同过程中，协调并监督公司各职能部门操作
5	动态把握市场价格，定期向公司提供市场分析及预测报告和个人工作周报
6	维护和开拓新的销售渠道和新客户，自主开发及拓展上下游用户，尤其是终端用户
7	收集一线营销信息和用户意见，对公司营销策略、售后服务等提出参考意见

在销售队伍的职责中，开拓销售网点是一项最为重要的任务。

开拓网点的方法可以运用"望闻问切"的中医原理。在中医学中，望指观气色，闻指听声息，问指询问症状，切指摸脉象，合称"四诊"。该理论出自《难经》，也叫《黄帝八十一难经》，传说为战国时期秦越人扁鹊所作。

对于"望"的运用，简单地说，就是从侧面打听、咨询分销商的情况。当我们到达一个新市场，应该对整个市场全面了解，地毯式地搜集信息，分析哪些分销商是重点客户，哪些是一般的客户，哪些客户值得开发，并且能长期合作下去，然后逐一拜访。

在拜访中我们要从以下几个方面着手。首先是"望"，到分销商的门市看看、瞧瞧，了解其经营规模，产品是否丰富，卖场产品布局，是否防火、防鼠等，还有其服务态度，业务是否繁忙等，如果"门前冷落车马稀"，那他的生意一般是不好的，这样可以表面上判断出该分销商是否有实力。

对于"闻"的运用，就是从侧面分析该分销商的名声好不好，守不守信用，在当地的影响力大不大，是不是行业"商老"等。

对于"问"的运用，就是与分销商近距离接触，问其经营多长时间，在行业内是否有独到的经营方法，有没有新的经营理念，老客户多不多，客户分布集中与否，卖场是租赁的还是自己物业等。

最后是"切"，即诊断把关，通过以上分析，这个分销商是不是我们合作的对象，我们就可以做出研判，然后可以考虑签订合作协议，给予产品价格优惠。

在这里要着重指出的是，"望、闻、问、切"是一个整体，不能单独使用，也不能按部就班，要统筹考虑，在开拓网点中要灵活掌握，不能顾此失彼。

第二，打造品牌推广队伍。

品牌推广队伍担负的任务是针对重点终端开展品牌推广、促销活动，其目的是加速产品动销，营造畅销氛围，做好终端上货及针对性打击竞品措施的攻坚工作。

对重点终端开展品牌推广需要做好以下工作：一是明确活动目的。做事情要有目的性，做活动更是如此。二是策划活动主题。一个好的活动主题，不仅会得到分销商的支持，也会取得消费者的认同。三是天时、地利、人和。"天时"，即在合适的时间做推广活动是成功的先决条件；"地利"，即选准合适的活动地点；"人和"，即与活动门店员工的关系。四是主推产品的包装，主推产品的价格相对于其他产品更实惠一些，赠品更多一些，卖点组织更全一些，装饰更亮一些等。五是活动前期的宣传工作，这是保证活动成功与否的关键一环。六是活动现场布置，如展架、宣传单页、产品海报、条幅、产品压牌和小台牌、价格牌、荣誉证书等。七是活动现场控制。现场人员必须想尽一切办法吸引消费者参与进来，例如散发一些小礼品、现场拍卖、有奖竞猜、有奖参与都是比较常用而有效的方法。八是活动收尾。如清理现场、样品复原、员工培训、活动总结等。

促销活动需要做好以下工作：一是对市场现状及活动目的进行阐述。市场现状如何？开展这次活动的目的是什么？是处理库存，是提升销量，是打击竞争对手，是新品上市，还是提升品牌认知度及美誉度？只有目的明确，才能使活动有的放矢。二是采取不同的活动种类，包括：限时折扣，即门店在特定营业时段内，提供优惠商品，刺激消费者购买的促销活动；面对面销售，即门店的店员直接与顾客面对面进行促销和销售的活动；赠品促销，即消费者免费或付出某些代价即可获得特定物品的促销活动；免费试用，现场提供免费样品供消费者试用的促销活动。三是确定活动方式，包括确定伙伴和确定刺激程度两种。和政府或媒体合作，有助于借势和造势。和分销商或其他厂家联合可整合资源，降低费用及风险。同时，刺激也存在边际效应，因此必须根据促销实践进行分析和总结，并结合客观市场环境确定适当的刺激程度和相应的费用投入。

总之，经销商只要打造好销售和品牌推广这两支精干的队伍，让他们各尽所能，实现自己的价值最大化，就能增强自身核心竞争力，以此来提高在区域市场生存的能力。

第八章　区域市场管理工作内容

相对于市场管理的概念，区域市场管理更进一步地细化了市场的所属区或者所属域的范围。一般来说，能够被划分为同一区域的市场，均是由于具备较多的共同点或者类似点，因此在进行市场拓展或者开发时，可以更好地进行统一调度和安排。

区域市场管理内容主要包括：经销商对渠道的管理；经销商扮演供应商角色为分销商服务；区域业务计划的制订与管理；区域营销团队的组建与管理。以此提高效率，节约成本。

管理渠道，保证渠道稳定

分销渠道的稳定就是渠道成员的数量和质量保持的稳定，经销商能够有步骤地实施渠道营销计划，达成销售目标。一个稳定的分销渠道体系，是经销商与分销商良性互动的结果，经销商向渠道提供强大的品牌拉力，高投资回报率的产品吸引力，和谐的渠道文化的凝聚力；分销商要认同经销商的渠道运营与营销理念，结合区域市场特点，开展行之有效的营销活动，不断提高盈利能力，保持与经销商的同步、协调发展。

　　稳定的分销渠道是实现分销渠道功能的基础，可以强化经销商企业的成本或差异化竞争优势，可降低损失客户的风险，有利于良好品牌的建立。因此，经销商需要采取能够维持渠道稳定的积极有效的措施。

　　第一，选择好渠道成员。

　　选择渠道成员是构建一个稳定渠道系统的第一步。分销渠道是一种"超组织"系统，其成员往往具有较强的独立性。可供选择的渠道成员客观上存在资源和能力的差异，也会因经营战略、经营目的、经营风格的不同而存在着不同的合作目标和意愿。要提高分销渠道的凝聚力，首先就要把好渠道成员的选择关，应选择认同企业的渠道运营和营销理念的经销商。渠道成员只有真正认同经销商企业的渠道运营和营销理念，才可能乐于对其忠诚，才可能与其一起构建可以实现目标的持续发展的合作平台，才可能保证渠道质量的稳定。

　　在强调渠道成员对企业渠道运营和营销理念认同的同时，经销商企业自身必须具备先进理念和良好远景。分销商在选择经销商企业的时候是具有机会成本的，基于这个考虑，经销商企业一方面要用市场的实绩来证明自己的优秀，另一方面要对经销商不断描述自己的美好前景，以此来打动分销商。

　　第二，以强大的品牌、有竞争力的产品提高渠道成员的认同度。

　　品牌对于很多企业来说是最重要的资产。强大的品牌能够帮助企业吸引优秀的、实力强大的经销商，从而使产品的销量有了强有力的保障。对于经销商来说，能经营一个品牌响亮的产品，意味着利润、销量和形象的提升。同时，名牌产品的销售成本较低，还会帮助经销商带动其他产品的销售。因为销售速度比较快，也提高了经销商资金的周转速度。

　　第三，以完善的培训服务来扶持渠道成员。

　　一般说来，分销商的素质比较低，管理水平也比较落后。经销商可以采取对分销商培训的扶持策略，来提高分销商的整体水平，同时也改善了与分销商之间的客户关系，有利于渠道的稳定。

分销商可以对渠道成员提供人员支持、渠道费用支持和促销支持，更重要的是提供营销筹划和市场管理支持，也就是智力支持。另外，通过参与分销商的业务过程管理，输入管理策略和经营理念，甚至企业文化，潜移默化地影响分销商，使之与自己协调同步，并同时实现了对渠道的维护和有效控制。这是一种文化控制，当然也是一种高明的渠道维护策略。随着分销商的素质提高，渠道内的恶性窜货、恶性渠道冲突也会相应降低。

第四，以有效的方法来激励渠道成员。

为了使整个渠道系统有效地运作，经销商在渠道管理工作中很重要的一部分就是不断地增强维系双方关系的利益纽带，针对分销商的需求持续提供激励，引导分销商只卖自己的产品。要对渠道成员进行有效的激励，经销商管理者必须明确了解分销商的需求和愿望，来选择合适的激励方法。

此外，对分销商进行激励时，还应注意时效性和差别性，及时的激励会使分销商的感知更强烈，对其的鼓励作用就更大。

第五，严格执行合同约束渠道成员。

为了更好地控制和稳定渠道成员，经销商企业应结合严格的契约机制来约束分销商，规范他们的行为。双方以契约或合同来确立合作关系，在契约合同中明确规定分销商应该履行的职责和应避免的不合理行为，以及当分销商出现违规行为时会受到的处罚。在合同履行中严格执行，并通报各个渠道成员。

如今的营销竞争已经进入了一个"渠道制胜"的时代。可以说，经销商中谁更好地把握了渠道带来的竞争优势，谁就掌握了竞争的主动权。因为只有稳定的渠道才是有效的渠道，才能让经销商企业的投入有高的回报。

扮演好供应商的角色

供应商是指直接向零售商提供商品及相应服务的企业及其分支机构、个体工商户，包括制造商、经销商和其他中介商。当经销商着手开发终端市场时，经销商和他的下线分销商的关系类似于厂家和经销商的关系，这时经销商的角色就变成了上游供应商。

经销商对于终端市场更多投入的是技能、方法、管理，而非资金。终端市场不需要经销商长期翻山越岭拉着货去挨门挨户地搞零售拜访，经销商要做的事是：选择一个好的下线分销商，一起启动市场，促成该客户的经销意愿；及时反馈分销商的意见和公司的最新政策；尽量帮分销商减少即期品出现，一旦出现尽力帮其解决，或退货，或尽快做促销帮其消化；提供质量有保证，并且适合市场的产品；制定合理的价格体系，保护经销商利益；完善的产品配送和客诉处理体系；价格波动中对客户的库存补差；返利奖励等按时依协议发放；周期性拜访该客户，年节及其生日奉上小礼品，以示友好，并协助他管理好这块市场；对终端市场推广新产品，培育市场等。

经销商扮演好供应商的角色，主要在于是否能保证长期而稳定的供应，其产品未来的发展方向能否符合分销商的需求，以及是否具有长期合作的意愿等。事实上，经销商转换角色扮演供应商，是有一定条件的。首先，经销商内部组织必须完善。内部组织与管理关系到日后供应商供货效率和服务质量，如果组织机构设置混乱，采购的效率与质量就会因此下降，甚至会由于部门之间的互相扯皮而导致供应活动不能及时地、高质量地完成。因此，经销商扮演供应商要首先完善自己的内部组织。

其次，经销商质量管理体系是否健全。分销商在评价经销商是否符合供应商的要求时，其中重要的一个环节是看其是否采用相应的质量体系，比如是否通过 ISO9000 质量体系认证，内部的工作人员是否按照该质量体系不折不扣地完成各项工作，其质量水平是否达到国际公认的 ISO9000 所规定的要求。

同时，经销商的财务状况也是其作为一个供应商的标准之一。财务状况直接影响到其交货和履约的绩效，如果经销商的财务出现问题，周转不灵，就会影响供货进而影响到分销商，甚至出现停销的严重危机。

只有具备了上述条件，经销商才有扮演供应商的前提，然后才是对下游分销商的服务。在针对下游分销商的服务过程中，经销商应该保证商品质量合适、价格水平低、交货及时和整体服务水平高。

第一，合适的商品质量。

分销商采购商品的质量是否符合自己的要求，是分销商进行商品采购时首先要考虑的条件。对于质量差、价格偏低的商品，虽然采购成本低，但会导致分销商的总成本增加。因为质量不合格的产品在分销商进行销售的过程中，最终都会反映到分销商的总成本中去。

相反，质量过高并不意味着采购物品适合分销商去销售，如果质量过高，远远超过分销商所在地消费者的质量要求，对于分销商而言也是一种浪费。因此，采购中对于质量的要求是符合分销商的销售要求，过高或过低都是错误的。

第二，较低的成本。

采购价格低是经销商成功扮演供应商的一个重要条件。但是价格最低的不一定就是最合适的，因为如果在产品质量、交货时间上达不到要求，或者由于地理位置过远而使运输费用增加，都会使分销商的总成本增加，因此总成本最低才是分销商考虑的重要因素。

第三，及时交货。

能否按约定的交货期限和交货条件组织供货，直接影响分销商销售活动的连续性，因此交货时间也是分销商要考虑的因素之一。

经销商在考虑交货时间时需要注意两个方面的问题：一是要有足够的库存数量，保证供应；二是保证用户什么时候需要，就什么时候送货，不晚送，也不早送，非常准时。

第四，整体服务水平好。

整体服务水平是指经销商的内部各作业环节能够配合分销商的能力与态度。如果分销商对如何使用所采购的产品不甚了解，供应商就有责任向分销商培训所卖产品的知识，以便于他在销售中介绍给消费者。经销商对产品卖前和卖后的培训工作，也会大大影响分销商对你的选择。

如果经销商向分销商提供相应的技术支持，就可以替分销商解决难题，从而销售自己的产品。比如，信息时代的产品更新换代非常快，经销商提供的升级服务等技术支持对分销商有很大的吸引力，也是经销商竞争力的体现。

以上是经销商扮演供应商应尽的本分，必须做到，在今天的竞争格局下，这些要求仅仅是基础，是经销商取信于分销商的基本功。这些事情做不到，扮演供应商及其客情就无从谈起，对经销商而言也是自绝后路。

区域业务计划制订与管理

区域业务计划的制订与管理是一个经销商公司整体营销战略规划的一个有机组成部分，也是营销战略规划在执行中的具体体现，这项工作的操作成败在很大程度上决定着公司的整体营销业绩。

第一，区域业务计划的制订。

制订区域业务计划时，要综合考虑区域范围内的行政区划、人口数量、消费水平、交通条件、客户分布、政策投入等相关因素，将该区域进一步细分为若干个分区，具体确定每个分区的市场开发和产品推广进度、目标任务、目标市场占有率等，并结合经销商公司年度销售业务计划，分解和制定本区域销售人员不同阶段的具体的销售目标。那么应该如何制订业务计划呢？

一是制订年度业务计划。经销商销售团队的定位就是执行的角色，所以经销商公司的"头脑"部门或称为品牌经理就非常重要。年度业务计划一般是在年初制订完毕，详细地设计了各产品与品牌的定位、销售目标、销售策略和预算，销售目标进度会分解到季度和月度，在这个基础上就有了季度和月度业务计划。

二是制订季度和月度业务计划。这个可称为工作要点和方案。经销商公司的"头脑"部门，每季度和月初会向各销售单位下达"季度和月度工作要点"，包括工作重点和执行方案。这个要点和方案不是头脑部门坐在办公室拍脑门做出来的，而是取自于市场实际，群策群力"提炼"出来的。

一般情况，每月下旬，计划制订者应该将各销售单位的负责人组织起来，大家群策群力，然后提炼整理后就形成季度、月度工作要点和匹配的执行方案。方案一般分为"必选动作"和"自选动作"。必选动作，就是"全区一盘棋"，各个区域、单位都要有统一执行的方案，如渠道促销，重大节日的消费者促销等，而自选动作则是根据各个市场和单位的实际做的个性化方案。各销售单位的月度业务计划就由"必选动作"和"自选动作"组成，计划会形成月度考核指标，销售硬指标再从年度规划分解而来，软指标即过程指标或动作指标则是从月度工作要点提炼而来，这个月度计划就很清晰了。

三是制订每周业务计划。每周业务计划的制订是由月度计划和考核指标分解来的，形成每周的工作重点和行程安排。周计划也是具有目标和成果导向的，根据市场的"聚焦定点"来确定销售人员的行程安排是否合理，根据每个区域市场的实际看其工作重点是否和月度工作要点一致，工作量是否基本饱满，这都是执行层面的问题了。按以上步骤，就能够较好地制订销售计划。

第二，区域管理。

区域管理是指区域主管对责任区域内所有销售活动，做有系统的管理，以实现所交付的销售与利润目标。

一是目标内部分解，指标责任到人。每一个分区都是一个公司最基层的营销团队，虽然这个团队可能只有为数极少的两三个人，但仍有必要将销售目标和任务落实到这个分区的每一个业务人员身上，而不是仅仅摊派到分区，更不是只停留在区域分公司。从公司到区域，从区域到分区，从分区到个人，才是一条营销目标内部分解的完整路线。

指标责任到人，一方面可以确保目标计划实现的可能性，因为它将长远目标和整体目标细分为近期目标和局部目标后，化远为近、化大为小，更能让业务人员看到完成任务的希望，更能鼓舞士气。另一方面还可以真实地评估每一个业务人员的销售业绩。因为某一个区域或分区没有完成销售目标任务，并不等于该区域或分区内部所有的业务人员没有完成任务。考核到人，有利于激励先进鞭策落后，有利于发现和培养新的业务骨干，有利于防止区域营销团队过早老化，有利于建立一支高效的销售团队。

为促进每个业务员尽可能多地完成销售任务，可以以月、季、年为赛期，以区域市场甚至以公司为赛区，开展业务人员销售竞赛活动，让业务员在学比赶超的愉快氛围中轻松完成任务。

二是对外部分销客户的激励。除了内部业务人员需要激励外，外部的经销商同样需要激励：任务完成好的客户会向公司要更多更大的政策支持；

任务完成欠佳的客户也会要求公司调整任务指标。关于客户激励有两点要特别注意：对客户同样需要全面综合考评；不要一时头脑发热为了让客户重视本公司的产品而增加虚假性的激励承诺；也不要轻易改变对客户已有的激励措施降低激励力度，或截留公司的奖励政策为己所用。内外兼顾公平合理的考核激励措施，将为下一个营销周期的区域营销工作打下基础，鼓足后劲。

三是销售费用控制。根据公司的销售费用管理规定及销售部门的费用预算指标，组织下属严格按照费用预算指标完成销售任务，审核销售折扣，审核、控制并不断降低销售费用，保证完成公司的销售费用控制指标。

四是市场开发。根据公司业务发展战略及销售部门的经营目标，配合市场部门组织实施本区域市场开发计划及具体的实施方案，促进公司及产品品牌的提升。了解客户需求动态，指导下属挖掘潜在客户，并对客户开发情况进行跟踪，以实现公司市场占有率不断增长的目标。

五是深入实际调查，建立客户档案。根据公司业务发展需要，通过组织安排所辖区域各客户到公司考察、参观交流等方式建立顺畅的客户沟通渠道。负责拜访本区域的重要客户，监督、检查销售员对客户的定期访问情况，随时了解客户要求。及时处理客户异议和投诉，以提高客户满意度，建立长期、良好、稳固的区域客户关系。

档案信息必须全面详细。客户档案所反映的客户信息，是我们对该客户确定一对一的具体销售政策的重要依据。因此，档案的建立，除了客户名称、地址、联系人、电话这些最基本的信息之外，还应包括它的经营特色、行业地位和影响力、分销能力、资金实力、商业信誉、与本公司的合作意向等这些更为深层次的因素。

档案内容必须真实，这就要求业务人员的调查工作必须深入实际，那些为了应付检查而闭门造车胡编乱造客户档案的做法是最要不得的。还要对已建立的档案进行动态管理，及时获悉客户各方面的变更和变动，将对应的档案信息内容更新，做到与市场实际和客户实际相吻合。

六是售后服务。依据公司的售后服务规定及产品特点，通过与客户服务、技术等相关部门沟通，协助组织、协调所辖区域的到货、产品安装、技术支持、售后维修等工作，共同实现售后服务目标。

七是销售信息管理。根据公司业务发展需要及区域市场特点，组织下属收集本区域的产品市场行情变化及重点竞争对手的销售策略、市场策略等信息，并对市场信息进行分析、预测并制定对策，及时向相关部门提供建议。保证销售信息的及时性、准确性和完整性，为销售、采购、生产等决策的制定提供支持。

八是与公司（总部）保持良好的互动。区域市场在运营上，应采取主动积极的态度与上级公司保持良好的互动关系，利用各种机会、方法与公司保持良好的关系，同时不可对公司盲从，应存在善意的对抗意识。规定的报告和有价值的信息应迅速、准确地送达上级公司。与区域分支机构业务上的联络、洽谈应主动、经常地进行。区域主管应正确地把握上级的方针与想法，若对上级的方针不了解，应主动请示，要把重要的事项记录在备忘录里；若上级的告诫有明显的错误，应另外找机会委婉地说明。

区域主管实际上是自己区域的"总经理"，独立承担辖区内市场开发、渠道管理、人员管理、费用管控等责任，这种工作性质决定了他们在面对市场时必须要建立一种理性的思维方法，学会透过纷繁复杂的市场现象，发现其中的规律，抓住市场工作的要点内容。同时，区域主管应当对市场管理的要点内容进行自检，找出自己的工作差距、漏洞和问题点，进行反思，以备精进改善。

区域营销团队组建及管理

区域营销团队的建设和管理是最基础的业务管理，是决定经销商企业营销成效好坏的关键性因素。如果营销团队出了问题，就会被竞争对手打得落花流水，陷入十分被动的局面，区域市场表现也将岌岌可危，甚至一败涂地。区域营销负责人需要重视并强化团队的系统化建设与管理，用训练有素的理念和方式来打造一支战斗力强劲的营销团队，并培养整个营销团队"扎硬营、打死仗"持续创业的敬业精神，才可能在区域市场所向披靡，战无不胜，取得辉煌的业绩。

系统化的团队建设是区域营销负责人首要关注的工作内容，简要地描述就是：组建队伍、制定规则、建立共识、严谨管理、绩效考评等。

第一，组建队伍。

由于中国人传统的乡土观念，喜欢拉帮结派，交亲结友，在企业应该坚决杜绝，对这种用人观不但区域营销负责人自己应该以身作则，对于下属也要严格要求，发现一个就要调离一个。一些企业经常出现一个主管辞职，带走一批人员，造成岗位人员的真空，使企业陷入被动局面这样严重的后果。在理性、规范的现代管理中，大范围的空降兵是不允许的，区域营销负责人必须防患于未然。一旦出现管理岗位空缺，尽可能从内部人员提拔任命，竭力避免引用空降兵。人员选聘要本着"公平、公正、公开"的原则，为员工创造一个健康正常的工作氛围，才可能使得新进的人员招之即来、来之能战、战之必胜。

新进人员系统化的上岗培训也非常重要，包括企业文化宣讲、产品或服务介绍、相关工作技能要求等内容。充分利用事先编制的企业内训手册实施培训，不同岗位人员培训内容也应有不同的侧重点。新进人员上岗培训以及后续的递进式培训不仅可以作为一项福利，也是营造学习型团队的一种方式。

在人员分工配置方面要做到知人善任，力求把最合适的人才分配到最合适的区域或岗位里，让其发挥所长，展现自我。此外，还应该根据不同人员的性格特点，进行互补搭配，形成合力。人员分工明确、岗位职责明晰是营销工作稳定有序开展的前提，区域营销负责人要避免事必躬亲，过多干预团队内部细致具体的工作。

第二，制定规则。

一个营销团队内部如果没有规章制度、工作流程，并且明示告知出来，只是凭感觉凭人情凭个人发挥，随意无序突发的事件就会层出不穷，这样一个团队就是乌合之众，根本没有高效的组织执行力。区域营销负责人要针对不同部门不同岗位设置精简的规章制度以及高效的工作流程，尤其关注销售目标、市场费用、销售报表等关键制度流程。

营销团队不只讲求彼此默契合作，更讲求团队工作成效，制度流程的建立出台并不局限营销人员开展工作，而是规定营销团队每个成员分工工作的方法，彼此合作的方式，引导团队成员彼此协作，更高效地做好营销各个环节工作，只有这样区域营销负责人才不会把有限的精力过多投入到细小琐碎的环节当中。

第三，建立共识。

一个营销团队的建设很重要的一点就是要有一个共同的理念、信念、精神和目标，这是营销团队的灵魂。

区域营销负责人需要投入大量的精力在营销团队里建立这样一种共识，即我们为什么做、我们为谁做、我们怎么做、我们做到什么境地等，来激发营销团队成员的使命感、责任感，增强营销团队的凝聚力和感召力，把自己带领的营销团队逐渐培养成为一支充满激情、斗志昂扬、作风硬朗的战斗团队。

第四，严谨管理。

区域营销负责人要懂得授权，也就是授予营销团队内各岗位人员各负专责，享有发布命令与执行的权力；但是对被赋予的专责，区域营销负责人必须要进行统御，否则团队成员缺乏统筹擅自决断就会造成无法挽回的损失。这就需要严谨的团队日常管理，包括目标管理、信息管理、例会管理、汇报管理、费用管理等。

目标管理就是结果导向管理。它的重要意义在于：能够确定营销团队努力的方向；激励员工自动自发的精神，提高工作效率；更有助于区域营销负责人评核自己或下属的绩效。区域营销团队的目标管理，是指配合公司整体策略设定整体营销目标计划，安排工作进度，将目标额分解到各岗位人员切实执行并使其有效达成，对其结果加以严格稽核，然后据此进行合理化调整。

信息管理是业务过程管理的一个重要内容。区域营销负责人可以通过信息报表来对区域市场状况进行了解，对目标达成情况进行评估，对营销运作效率进行分析，对营销工作进行指导。对于营销团队人员，信息报表绝不是敷衍了事的工作，而是可以作为自我管理的工具；缺乏信息质量的报表，即使花费很多时间去填写，也没有什么价值。区域营销负责人要诚恳、由衷地重视部属上报的各类信息报表，并及时加以处理或指示，这是信息管理的成功重点，否则团队成员会失去填报的积极性。

例会管理即定期召开营销例会，包括周例会、月例会、季度例会以及年度例会等。区域营销负责人通过例会管理来传达公司的经营信息与经营指示、交流各地区市场表现信息、研讨区域营销工作回顾与规划、商讨营销薄弱环节改进措施、评析营销团队工作成效、交流区域营销的成功经验和失败教训等。例会管理成效好坏在于区域营销负责人要注意不要只让一部分人发言，不能搞一言堂；会议时间不宜太长；会议要解决的关键问题最好在 3 个以下，拟制会议备忘录，并及时跟进。

汇报管理是为了区域营销负责人及时把控营销运作实施过程，及时对临时、突发、特殊事件作出工作指示和销售指导。

费用管理就是严密监控区域营销团队在费用预算、申请、审核、报销等环节的全过程。费用预算、规划必须细致明晰，一定在公司要求的费用率或费用额度之内。费用的使用必须经过申请审批，要禁绝部属先斩后奏，擅自决断，否则带来的费用遗留问题会越来越多。区域营销负责人在费用审核时要特别关注费用真实性以及费用使用的效果。在费用报销时一定在公司规定的费用率或额度范围之内，超过的部分将自行承担；一旦发现存在虚报、假报、多报行为将严惩不贷；此外，报销费用时应要求营销人员提供规定的票据和资料。

第五，绩效考评。

区域营销负责人要组织对团队成员日常工作表现进行公平、公正、公开地全方位评估，包括直接上级、直接下级、同级甚至客户的评估意见；禁绝团队成员在评估时发生排斥异己、打击报复、主观武断等有违职业道德的行为。参考评估结果，区域营销负责人就要展开绩效考核，而考核指标一定是客观的、可量化的指标。

客观、公正的绩效考核有助于区域营销团队稳定性。区域营销负责人根据考评结果，有必要及时对团队成员进行奖励与惩处，让碌碌无为、滥竽充数、胡乱作为的人无立足之地，让主动积极、表现突出、贡献重大的营销人员得到认同称许。

总之，没有一支训练有素的区域营销团队，没有一个个像具有"狼"的精神那样既独立勇猛又团结协作的营销人员，经销商企业不会有长远的未来。

区域销售结果管理及考核

经销商对区域市场的销售结果进行管理和考核，是保证区域销售业务顺利进行和提升销售业绩的必要手段，也是打造销售队伍的必要手段，可以说是经销商在整个经营过程中管理工作的核心内容。

有一个经营消费品的经销商，他的年营业额1亿多元，全国有300多人的销售队伍。最近两年，这支销售队伍的效率不但没有提高，反而一年不如一年，从最初的人均销售额50万元降至30万元。为了扭转下滑趋势，这位经销商老总从几个大公司挖了一些管理者过来帮助自己。

从民营企业来的销售副总向他建议："我们应该加强对销售人员的管理力度，定下硬性销售指标，对于完成指标的工作人员要加大奖励力度，完成不了指标的工作人员要公示、批评甚至无情地淘汰。"

从跨国公司来的销售总监给他的建议完全相反："我们不应该管理结果。原来管的就是结果，这样管也没什么效果。我们应该管理销售人员每天的行为、每天的活动细节。例如，他拜访客户的数量，和客户交流的时间有多长，是否在和重要的客户对话等。如果过程管好了，你希望的结果自然就会呈现出来。"

两个人提出了完全不同的建议，是用民营企业的那种带有野性的拼搏精神的狼性管理方式，还是用跨国公司的那种员工分工精细化及服务质量精细化的精细化管理方式？是管理销售过程，还是管理销售结果？

其实，销售管理工作的提升是从专业的结果管理开始的，也就是说，结果管理是过程管理的前提。对前一个销售结果进行正确、全面和系统的管理，是为了通过改善原来无效的销售过程，以提高业绩，取得更为理想的下一个销售结果。

第一，销售结果管理。

销售以结果为导向，管理销售永远是看业绩说话的，没有业绩谈就没有利润。但问题的关键在于，没有好的销售过程就没有好的销售业绩。因此，要在结果管理之后过渡为过程管理。

管理销售结果主要是建立检讨体系。正确的检讨，不是对运行结果的简单考核，而是对考核期的运行过程，按照期初的销售计划和行动要求进行系统的检查、对比和考核。其目的是对考核对象的工作业绩进行正确的评价，对运行过程中存在的问题进行系统的排查，以期更有效地进行下期的销售工作。销售检讨工作应该从如下几个方面着手：

一是对业务员的检讨。业务员是销售业绩的实现者，更是与竞争对手在一线较量的拼搏者。因此，应该成为检讨工作的重点。对业务员检讨的重点是行动过程和报告系统。

对业务员行动过程检讨的要点是执行行动计划情况和服从指挥管理情况。"加强纪律性，销售无不胜"、"步调一致才能得胜利"，如果对业务员的管理达不到令行禁止的程度，厂家永远不可能从个体推销走向专业销售和体系营销。

对业务员报告系统考核的要点是各种报告即表格完成的质量和数量。这些报告主要包括月行动计划、每日销售报告、竞争对手分析报告、工作总结、三个月滚动销售预测、客户表现分析等。具体考核指标包括销售指标完成情况、回款指标完成情况、品种计划完成情况、客户开发指标等。

二是对经销商自身的检讨。检讨的重点是下游客户的管理能力、业务员队伍的素质、财务制度和财务管理、与厂家的协调性等。具体检讨指标包括销售指标完成情况、回款指标完成情况、费用和利润指标、流动资金情况、品种计划完成情况等。

三是对内勤的检讨。内勤亦称销售后勤，对其检讨的要点是：发货的准确性、及时性；对业务员、经销商服务情况；信息收集和传递情况；与厂家相关部门的联系情况；客诉处理情况。

四是将结果管理过渡为过程管理。无论结果管理如何重要，如何能够正确地发现问题，但这些问题却都必须在以后的销售过程中才能加以解决。正确的结果管理必须要求或必然会转化为过程管理。

五是将结果转化为过程，这一工作需要做到的是：应将检讨出来的问题变为下一期的工作重点和管理重点，并认真制订解决或完善方案；实事求是地参与确定销售目标；根据销售计划和检讨结果制定被检讨者的下期行动计划和行动要点，用明确的工作量为实现销售计划和解决存在的问题提供保证；加强巡回管理和现场管理，对业务员的工作给予支持和指导；建立严格的工作流程和明确的工作标准，避免模棱两可。建立销售管理人员、业务员、经销商和内勤之间的紧密联系和及时、有效的互动关系，避免只在检讨时见一面，或检讨时也不见面的单向关系。

检讨是为了发现问题，找到问题的根源，找到解决问题的办法。过程管理是为了实现销售目标和解决问题，二者共同构成了销售管理工作的全部内容。

第二，销售结果考核。

业务员业绩考核包括结果考核和过程考核。结果考核就是考核业务员工作目标的完成情况；过程考核可以弥补结果考核的不足，即明确规定业务员必须履行的职责、必须做的工作。

一是进行业绩考核。首先要确立考核的标准，如销售量、毛利、访问率、访问成功率、每工作日的平均订单数、平均订单数目、销售费用与费用率、新客户挖掘情况、客户投诉情况等。其次要进行业绩监控，收集业绩资料，以备考核使用。收集业绩资料的方法有对业务员的工作情况进行观察、了解业务员工作计划、了解业务员的工作报告、在客户和消费者中调查等。最后是进行业绩评价，以起到激励作用。业绩评价方法包括定量评价和定性评价，定量评价是根据销售量、客户数、销售额、收款额、拜访次数、客户投诉次数等具体数值进行评价；定性评价是对业务员的能力，包括商品知识、销售技巧、市场信息、对客户的服务等的评价。

二是进行过程考核。根据业务员业绩考核的结果，经销商要对业务员的销售过程进行指导，帮助业务员改进和提高自己的工作。指导和改进包括四步：确定改进项目，制订改进方案，协助与支持，奖励。

对销售结果进行管理和考核，是一个动态的管理过程。销售过程决定销售结果，如果忽视销售过程，只要结果不管过程的管理是一种错误倾向。因为结果既是上一个销售过程的结果，也是下一个销售过程的开始，是销售工作循环过程中的重要环节。

第九章　营销模式升级

经销商从经营战略和结构上化解压力的唯一出路就是升级经营模式，只有不断地升级和蜕变，才能实现"绝地反击"，奏响新的生命乐章。

经销商需要对市场环境和自己的资源状况进行分析，找到适合自己的营销模式方向，确定目标，制订计划，创造可复制的标准化模式，并坚持不懈地做下去，这样才能提高市场推广的效率，做大渠道板块并取得成功。

模式的核心：标准化可复制

"商业模式"这四个字具体的阐述就是：复杂的事情简单化，简单的事情重复做。重复很重要，重复意味着可复制。而模式的核心，就是标准化可复制。

将在一个市场上成功的商业模式，复制到另一个市场，是追求快速成长最有效的途径，也往往更容易成功。

首先，标准化复制是一个风险较小的决策。由于对新进入环境的不熟悉，改变过去被证明成功的模式常常会增加风险，也不能确保提高成功概率。自以为是的改变与创新，意味着放弃过去积累的经验与智慧，放弃已培养的竞争优势。从零开始，风险更大。

其次，商业模式常常是一组相互协同强化的活动。这些成功元素间彼此环环相扣，如果增加或者剔除某项活动，可能会引发连锁效应，导致整个成功体系的崩塌与自相矛盾。成功的商业模式经过多年的试错与积累，这意味着对特定资产的投资与承诺，例如对员工技能的培训、与分销系统的关系投资、与供应商的合作等。在跨地域复制商业模式时，如果不了解成功因素之间的相互支撑关系，便大幅度更改调适过去的成功体系，可能带来极大的破坏。

最后，由于企业的员工与管理干部，对熟稔的商业模式常具有高度认同感，在精确复制过程中，执行效率能够得到最大限度的提升。

事实上，经销商在区域市场上创造了很多可复制的标准化模式，诸如：打造样板基地市场，对样板基地市场进行经验总结提炼，对实地进行考察，并做出样板市场的视频介绍，形成一套标准化的操作手册和视频学习案例，以此作为公司市场复制的标杆；落实各区域人员，打造有冲击力与激情、不找借口的团队，并对于标准进行强行培训植入；对于各区域进行"目标管理、过程控制"，目标管理是根据各区域特点，制定出较合理的定量指标，同时公司提供方法，过程控制是规范各外派业务工作标准，尤其是关键环节点的指导与监督，如月度工作目标计划表与营销计划表，每天、每周的进度跟踪反馈表等，最大化保证执行方向的一致性与效果的最优化；后期加强督导与控制等。

任何一种优秀的商业模式在日趋成熟的过程中，都付出了高昂成本，甚至是历经磨难的。一旦在实践中证明这种商业模式的比较优势后，如果能够将之成功复制到多个企业，那么，这套成功模式的单位成本将被"摊薄"。在知识经济成为时代主旋律的今天，经销商完全可以沿着一个总结出来的捷径迈向成功，以一套成功的商业模式"打遍天下"。

参考以上经销商在区域市场上创造的可复制的标准化模式，结合经销商开发终端市场的实际情况，不难总结出一套适合于开发终端市场的标准化复制流程：

一是经销商对终端开发负责人进行强行业务技能、沟通技能等各方面综合技能的集中培训，为此，经销商公司需要拿出作为终端开发负责人的综合素养的培训方案与计划。

二是对于合作的渠道成员进行标准界定，严格按标准甄选分销商。包括定量和定性两点，定量是量化标准，如车辆、人员、库存、渠道数量、代理品牌的知名度等；定性是软性标准，如分销商的人品、与本品是否合拍、经营理念等，不符合标准条件的坚决不要。

三是针对每个区域实际特点，制订营销计划，但大体上都有如下流程：其一，终端开发负责人对于分销商的人员进行该产品的理念宣导与服务意识培训，同时必须把对于该产品的指标完成情况拉入到员工考核体系中去，为大家总结出经销商公司有关产品生动化、服务、产品卖点等的相关专业知识，并张贴在墙上。其二，经销商公司设计出铺市方案，包括人员考核提成、促销方案、执行效果最优化，以及对于产品卖点的准确传递等。铺市结束，没有完成的给予鼓励，同时进行问题分析；完成的给予褒奖，组织大伙一起聚餐，团结经销商队伍。其三，继续加大对于人员进店率及生动化服务方面的考核力度；继续设计月度开发与维护网点计划指标，分解到每一个业务。其四，做好终端市场管理，如市场阶段计划安排、目标执行情况、进度跟踪分析问题、整合分销商资源等。

四是作为经销商公司要对于整体区域有个明确、细致规划，同时对于关键的营销节点进行重点把控，如整体目标、综合进店率、产品动销率、月度营销计划的执行情况、经销商不配合、薄弱区域环节等。而终端开发负责人要对于整体市场有个清醒认识，目前市场达到什么程度、存在的主要问题是什么、如何进一步整合经销商资源、如何切实落实好每一阶段每一天的工作计划、如何最大化调动经销商员工对于本品的关注度等。

总之，通过实施终端目标市场开发与管理标准化复制流程，终端开发负责人就能设立好市场规划与目标，同时对于关键节点进行把控，保证大方向不偏；终端开发负责人落实好每阶段的工作计划，严格执行，及时反馈进度，准确、详细完成总公司对于过程控制的各报表等工作，那么终端市场就会沿着预期的方向快速发展。

模式的力量：销量与盈利倍增

被誉为"现代管理学之父"的彼得·德鲁克说过："21世纪企业间的竞争已经不是产品与价格之间的竞争，而是商业模式之间的竞争。"毫无疑问，商业模式的力量可以带来销量的增加和盈利倍增，这尤其让已经终结低成本时代而"转型升级"迫在眉睫的中国企业迫切期待。在大家热衷于破解商业模式秘密的当下，经销商把盈利模式创新当作经营转变的一个重要课题，并以此带来销量的增加及源源不断的利润。

所谓盈利模式，说白了就是企业赚钱的方法，而且是一种有规律的方法。它能够在一段较长时间内稳定维持，并带来销量的增加和利润倍增。利润倍增是一种突破性的战略性企业整体改善规划，能快速改善企业盈利能力和竞争能力。史玉柱的核心资源是拥有强大的地面部队，遍布全国各市、县。广告宣传，加之强大地面部队的渗透效果好，是他取得成功的原因。他用这个地面部队卖火了脑白金、黄金搭档、征途游戏、黄金酒。这就是利用优势资源产生的利润倍增。

从实践上看，经销商利用模式的力量实现销量增加和利润倍增有这样几种方式，如表9-1所示。

表9-1　经销商可利用的盈利模式

类　型	释　义
产品组合盈利	组合方式是经销商根据客户的需求进行相关产品的组合，从而提高自己的成套配送能力，使客户得到"一站式服务"，增强对客户的掌控力。通过合理的产品组合，增加新的利润点，摆脱单纯依靠上量盈利的弊端，以差异化的、灵活性的产品组合实现盈利、制胜
规模盈利模式	主要是依靠大量进大量出的产品分销，经销商通过规模降低经营成本，赚取大量的现金流量。在规模盈利模式下，经销商将成本作为扩张的基础，把价格作为主要的扩张武器，通过经销产品的低价获取市场份额、争取下游客户，实现"快速放量"。现实市场中，那些大卖场相对于中小型商超的竞争就是依靠规模盈利
渠道盈利模式	即通过控制渠道和终端来盈利。现实营销中，厂家是通过产品和传播创造差异化的竞争优势，而经销商只有通过"渠道"和"传播"才能真正创造差异化的竞争优势。经销商根据自身实力以及能力由高到低掌控渠道的办法有：依靠渠道优势，形成别人无法攻破的壁垒，赢取利益；掌控终端；形成渠道壁垒；建立自营网络；伙伴式经营；树立品牌形象；依靠经销商的个人魅力、实力和影响力等；经销商可通过各种优惠手段、激励等来建立、维持终端渠道的忠诚度；依靠经销商对渠道进行制度化管理；经销商需要处理好与厂家业务人员的关系
多元化盈利经营模式	多元化就是经销商根据自身实力和能力进行跨行业、跨品类经营产品。目前多元化盈利模式主要表现为两种方式。一个是经销商扩大自己经销的产品种类，比如酒类经销商也同时经销饮料、饼干、方便面等。再一个是跨行业，如酒类经销商涉足餐饮酒店，甚至房地产、零售卖场等
信誉盈利模式	经销商的信誉度和美誉度是无形资产。口碑良好的经销商主要表现为守信用，包括对厂家和下级分销商，遵守合同、遵守市场游戏规则，具有良好的市场经营道德。该模式短期内带来的直接效应不显著，但长期遵循信誉模式的规则，不仅可保持用户增长的趋势，并可增加厂家、下级分销商等合作伙伴的信心

续表

类　型	释　义
跟进盈利模式	经销商与大行业或者大企业的共同利益，主动配合，将强大竞争对手转化为依存伙伴，借船出海，借梯登高，形成良好的商业伙伴关系，达到互利共赢并使企业快速壮大。经销商要放弃部分利润与大企业、大厂家达成互惠互利的共识，借用比肩策略，不仅可以提升整体品牌形象，享有共同的渠道发展，并可省去很多开销，如市场广宣、物流、后续的服务等
包销盈利模式	产品包销是指经销商就一款或几款产品与厂家签订包销协议，限定功能、质量、包装、价格等。虽然经销商承担更多的销量风险，但经销商凭借其对市场以及下游网络的掌控完全可以消解这种风险，从而获取更大的利润
服务盈利模式	经销商为了适应渠道形态的变化，通过将自己的服务优势凝练在某一节点上实现自我的盈利的创新，诸如服务客户盈利、服务厂家盈利、服务同行盈利、服务消费者盈利
商商结盟模式	部分经销商在力争为上游制造商提供全面的服务和分销的同时，也开始与下游经销商建立紧密的合作体，帮助他们建立自己的生意发展计划。通过对渠道网络的控制与市场精耕细作，带来较高的产品覆盖率和市场销量
厂商结盟模式	经销商与厂家结盟，或组合成销售公司，同时在合作过程中，积极向厂家学习企业经营经验，最后把自己打造成企业家型的经销商

总之，经销商通过盈利模式创新，重复使用优质资产，既实现了品牌延伸，也带来了不菲的利润，反映了经销商营销模式升级的这一大趋势和升级带来的成果。

模式的分类：战略模式和战术模式

经销商的营销模式从分类上说有两个层面，一是战略模式，二是战术模式。这两个层面的形成，与经销商所处的环境息息相关。

经销商的优势在于地缘优势，首先其稳定性较好，因此能够与各种渠道建立长期稳定的关系。其次，由于经销商是品牌的区域经营者，攫取最大利益目的的驱使，使经销商能够坚持做到长期投入，经营品牌。最后，经销商人脉资源丰富，能够充分整合资源，开拓市场空间。经销商经营良好，将实现品牌在整个区域的形象升级。然而，由于大环境因素尤其是渠道竞争因素的影响，使得经销商不能做强做大，其经营模式成了一种阻力。

经销商身处特殊环境，只有从营销模式的战略层面和战术层面上狠下功夫，进行营销模式升级，才能突破发展困境，成就区域强势。

第一，经销商战略层面的突破模式。如表9-2所示。

表9-2 经销商战略层面的突破模式及含义

突破模式	模式含义
公司化经营	在经销商发展到一定程度之后，能否实现公司化，将成为经销商能否继续发展的关键。实现从夫妻店向公司化过渡，打造现代化的管理体系，完善公司的组织架构，完善工作流程和各项制度，使经营管理制度化、标准化，将是经销商发展的一个重要节点，能否实现突破，是经销商能否继续做大的关键
专业化经营	有些经销商，所经营品类、品牌和品项非常之多，往往一年下来感觉忙忙碌碌，实际利润很少甚至为负；相反有些经销商，虽然只经营一两个品牌、一两个品类，但是却取得了丰厚的利润回报。究其原因，主要是由于其所关注品牌、品类过多，分流了有限的人力、物力，使品牌渗透力难以形成持久影响力，难以打开市场，导致渠道铺货不到位、库存积压等现象发生。相反，专业化经营，能够集中全部的资金、物流，支持优势品牌，进行品牌化运作，从而与渠道形成互补，共同打造强势品牌影响力
战略化经营	经销商经营品牌应该具有战略眼光，所选择的品牌不一定是行业的领军品牌，但一定要是具有差异化的品牌。经销商对品牌做出选择之后，要有一种长期经营品牌的准备，要把经营品牌作为一项事业，唯其如此，品牌运作才能做到深耕细挖，而非追求短期利益
企业文化化	经销商发展到一定阶段，自己的公司成立后，公司制度化、流程化、标准化等问题解决后，还必须建立起自己的企业文化。企业文化的建立，对解决员工的归属感、稳定团队具有重要意义

第二，经销商战术层面的突破模式。如表9-3所示。

表9-3　经销商战术层面的突破模式

突破模式	模式含义
成立销售团队	经销商的发展往往是一种顺其自然的发展模式，很多经销商做了几年之后，还没有自己的销售团队或营销团队非常不完善。业务团队的非专业化，影响到经销商的发展，因此有必要进行品牌运作，成立营销团队，加快发展步伐
成立品牌专营部	经销商往往不仅仅经营一个品牌、一个品类，但由于资源有限，在渠道网络和资源配置等方面，经销商平均用力和整合不利，都不利于经销商和品牌强势地位的建立。因此，一些发展比较成熟的经销商，通过数据分析出优势品牌，实现经销商和品牌的双向选择，从而充分利用渠道网络，达到不同品类品牌之间的势能互补
品牌化运作	经销商凭借其自身的地缘优势，在流通、批发、团购等渠道具有厂家无可比拟的优势。除此之外，经销商凭借优秀的人脉资源，在二三类卖场的开拓上，独占天时地利人和，因此，在二三类卖场系统的开发上，建立品牌的形象店，不断壮大品牌的区域影响力。依靠品牌渗透，形成对其他渠道的拉力，同时通过巩固其他渠道的优势，进一步提高品牌在区域市场的强势

总之，经销商的战略模式和战术模式"一个都不能少"，在实践当中，既有宏观把握，又有微观操作。只有这样，才能在激烈的市场竞争环境中站稳脚跟并发展壮大。

区域经销商模式创新变革路径

商业模式是一个组织在明确外部假设条件、内部资源和能力的前提下，用于整合组织本身、顾客、供应链伙伴、员工、股东或利益相关者来获取超额利润的一种战略创新意图和可实现的结构体系以及制度安排的集合。对于经销商而言，其商业模式是一种经营创新思想的具体实现形式，是一套经营机制，强调的是经销商内部组织之间的有机联系。商业模式需要创新，这就需要落实到"如何运作"上。

经销商是个很大的群体，由于其经营内容和经营范围的不同，加之各自经营方式的不尽相同，因而形成了产品代理商、品牌运营商、超级终端商、网络平台商和价值链供应商等多种类型。在模式创新的大趋势下，有眼光的经销商通过对自身的资源、制度、模式等进行从内到外的整合，最终实现了较理想的价值最大化。总结经销商经营模式的创新变革路径，可以归纳出以下的模式创新路径及其方法。

第一，以顾客价值为中心的模式创新。

顾客价值是供应商以一定的方式参与到顾客的生产经营活动过程中而能够为其顾客带来的利益。经销商以顾客价值为中心的模式创新，要围绕顾客价值的实现方式和价值内容而进行，经销商通过价值创新的各种手段，相对于竞争对手向顾客提供更大的价值来获得竞争优势。要做到这一点，经销商就需要以顾客价值为中心，通过在更大范围内与其他企业和同行之间产生的协同效应来展开模式创新。

第二，重新定义产品和服务的模式创新。

这种创新的特点是基于企业满足顾客需求而提供的营销物（包括产品和服务）方面的创新，并由此出发来进行整个商业模式的创新设计。任何一种产品和服务在市场中都有一定的生命周期，都要经历如生物体的诞生、成长、成熟、衰亡的生命历程。在往返循环中由新变旧。另外，知识经济使产品的外延与内涵发生了巨大的变化，不仅农产品、工业品成为商品，知识、服务、信息及技术都成为商品，顾客对产品中知识含量的要求也相应提高了。因而，衡量产品价值的标准产生了变化，即由传统的以物质为基础转为以知识含量为基础进行衡量。以信息技术为核心的知识经济，使产品和服务的设计、开发和使用周期日益缩短，产品创新的竞争也日益激烈。因此，产品和服务重新定义的方式是一种常见的商业模式创新方式。

经销商重新定义产品和服务的模式，意味着对现有细分市场中的产品和服务进行替代，重新定义后的产品和服务体现了对现有顾客价值的一个提升，它改变了产品和服务的功能价值和顾客价值实现的方式，是对产品功能、结构和形态的创新，而不仅仅是产品和服务形式或款式的改变。

第三，重新定义顾客接触方式的模式创新。

顾客接触方式包括了两个基本方面，一是经销商如何将产品和服务送达顾客的；二是经销商与顾客之间如何进行信息的传递和沟通。在这两个方面，经销商与顾客之间都以不同的方式进行各种接触。顾客接触方式既反映了经销商的商业模式的运行现状，也反映了经销商与顾客之间的关系价值。沟通是为了让经销商及顾客互相了解，沟通越互动、越直接、越频繁，互相了解的程度就会越高，经销商也就越能满足顾客的需求，而顾客也就越能获得更好的服务。

第四，重新定义顾客需求的模式创新。

大多数经销商都能够明确自己所对应的顾客需求，但问题是顾客需求时刻发生变化，重新定义顾客需求意味着经销商需要对产品和服务所在的细分市场的目标顾客进行需求的不断确认，这种确认是动态而非静态的。

由于顾客需求的变化是常态的，这给所有参与市场经营的企业提供了均等的机会，无论是行业领导者还是后进入者，谁能够发现顾客的潜在需求，或者能够洞悉顾客需求的变化趋势，谁就可以在重新定义顾客需求上获得先机。在同质化竞争日益严重的细分市场，发现并重新定义顾客需求的企业可以迅速打破领先者制胜的格局，成为这个细分市场新的领跑者。

如果对上述商业模式创新路径及方法仔细分析就会发现，它们或多或少存在某些相似性，这表明商业模式并不是凭空产生的，而是演变发展的，一种模式可能源于其他模式，或者是通过竞争代替了原有的模式。因此，经销商要积极把握这个商业模式的演变规律，善于借鉴和整合，创造出最适合自己的经营模式。

模式复制，持续增长

所谓模式复制，是指一种营销模式在一家或多家企业实验成功，被证明是成功的营销模式，且按部就班导入另一个企业运作，这个过程就叫作复制。这种模式就成为可复制营销模式。在渠道争夺战的大潮中，经销商在区域成功之后，有了样板市场的经验，将总结出的模式复制到其他区域用于开发和管理市场，带来板块化、连锁化的持续增长，成为很多经销商做大做强历程中的必经之路。

经销商在一个区域的成功，就等于做成了样板市场。从某种意义上说，样板市场就承担了探索模式、检验模式的重要任务。样板市场的重要性很多人都知道，运作样板市场能增强经销商的信心。那么经销商该从哪几个方面去打造样板市场呢？这需要五个要素：

一是确保销量第一。销量肯定是经销商要考虑的第一要点，因此必须要考虑：当地的竞争产品情况，看产品是否有挤掉竞争产品成为第一品牌的潜力；避开竞争对手的成熟市场，在对方的薄弱环节寻求突破口，避开对手的锋芒，待充分提炼出自己的竞争优势，然后再发动正面战争，确立自己的市场地位。

二是代表性。做样板是一种启动市场的方式，更是以后市场扩大、产品上量、品牌塑造等诸多事情的基础，因此所选择的样板市场在市场环境、消费习惯、市场通路、媒体结构等各方面要有广泛的代表性。

三是可复制性。样板市场承担着营销模式探索、推广的重要任务，因此一定要有可复制性。能够将成功的操作模式复制到其他市场。

四是规模性。规模是复制的前提，无规模的复制与普通的平行扩张没有太大的差别。在样板市场建设中，对消费人群、终端通路、媒介组合、销售量方面的规模预测是必须要考虑的关键点。尤其在建设销量样板市场或形象销量样板市场时，市场销售回款及费效比是一个重要的指标。样板市场要有销量的榜样，用事实说话，增加对其他潜在经销商的吸引力，提高后期招商的质量和速度。

五是经销商与团队。一个好的经销商可以帮助企业解决很多问题；一支有战斗力的队伍也是市场成败的关键。企业对经销商及营销团队的后期管理、培训要到位，让经销商始终跟着企业的整体战略统一行动，大大提高了市场推广的效率。

经销商将样板市场做成功后，是否马上就可以复制呢？只有一个成功的样板市场就可以放之四海而皆准吗？那么该按照怎样的步骤去复制样板市场呢？

第一步，要求样板市场模式要有生命力。对经销商来说，通过一个样板市场模式的复制会使扩张更直接一些，可以降低成本，提高市场占有率，顺利打造出大销售格局。但是，并不是所有的商业模式都能被复制，未成型或缺乏清晰化构成的商业模式即使能够盈利，也不能被成功复制。这就要求样板市场模式要有生命力。

优秀的样板市场模式必须是曾经成功过的，有生命力的，在未来一段时间内不会被淘汰的。好的模式才可能打造无数个和"母公司"一样有竞争力的"子公司"。

第二步，对样板市场成功经验的总结，形成动态的、科学的方法论指导后续的复制。在总结样板市场成功经验时应该用书面文字、照片、摄像等手段形成系统化的视觉化的标准行动手册，以便日后在其他地区进行推广、复制时能够保证经验不走样。

标准行动手册包括各级分销商的选择标准、程序及合作协议，业务人员工作流程和要求，另一个区域市场的选择标准、档案管理，该市场的观摩推广、招商会议流程，示范牌制作要求、插牌位置，该市场的后续跟踪等。

第三步，制订不同区域市场的差异化方案。成功的样板市场运作方式并非放之四海而皆准的真理。在进行样板市场模式复制时必须考虑到区域的差异性与区域市场的运营实情，不能犯"照本宣科"的教条主义错误，要通过第一步的总结提炼，将样板市场的成功经验与待复制市场的特性进行对比分析，重新制订适合于目标市场的新方案，使之更加切合新的区域市场特色。

事实上，将样板市场模式复制到新区域市场容易些，复制到一些被兼并收购的分销商那里就难些，复制到一些原来具有强势分销商的市场更难。一般而言，此时培养新市场成员接受复制的心态很重要，因此在实际操作中，可加大对本地员工的培训密度和力度，重用本土化管理人员，在此基础上再推行差异化的模式，实现专业化和本土化的有机结合。

第四步，解决经销商的信任问题。在分销商对样板市场进行了解之后还是会有顾虑："我有没有能力把这个样板模式贯彻下去？能不能做到样板市场那样好？"这时候经销商就要扮演专业顾问的角色，做好对分销商的宣教工作。同时可以让样板分销商现身说法，为样板市场"正名"，打消分销商群体的顾虑和抵触心理，使他们切身感受到样板市场的气氛，加强对他们的触动。

第五步，专业化的管理团队决定了复制质量。专业化的管理团队是使复杂的商业模式迅速从一个样板市场复制到另一个区域市场的有效载体。

一个样板市场成功模式的复制过程，是费时费力的专业化和标准化的推广过程，也是知识的拷贝过程，涉及知识管理的多个层面，囊括了知识的收集、梳理、共享、转移等过程，结果体现为系统化、标准化的总体知识再现。这些知识分为显性和隐性两大类，显性知识的转移体现在制度、流程、操作规则、计划、组织、控制等方面；而隐性知识的转移则需要管理团队成员身体力行、潜移默化地传播，以形成科学的体制和机制为体现。因此，一个专业化的管理团队对模式的顺利复制起着关键作用。

第六步，复制时优秀的终端开发负责人必不可少。终端开发负责人是经销商企业最昂贵的资源，而且也是折旧最快、最需要经常补充的一种资源，不但需要丰富的管理经验，熟悉将要被复制的商业模式，更要能够洞察并把握和模式相配套的核心价值观。通过适时调整，模式才能复制成功。当然，复制过程中的本土化调适应该结合标准化来进行，失去了标准也就失去了原来成功模式的意义，变成了真正的"本土化"。

第七步，步步为营，分步骤稳步推进。在样板市场模式的推进过程中，必须遵循分步骤、分层级，有计划地推进，切不可看到样板市场成功了，就急于求成，希望"一口吃胖"，样板市场推广必须分批进行。先选择市场难度小、经销商配合的区域进行复制，再到更多、更大的区域逐步拓展。取得每一步成功后都要在大会上广泛宣传，不断鼓舞员工和经销商士气，营造"样板模式必胜"的态势。

总之，经销商区域市场打造的成功样板，对渠道市场具有重大意义，如果将其成功模式复制到其他区域用于开发和管理市场，就会带来板块化、连锁化增长，使经销商在渠道争夺战中收获丰硕战果。

参考文献

［1］洪冬星. 弗布克部门精细化管理系列：市场部［M］. 北京：电子工业出版社，2012.

［2］尚阳. 营销渠道设计、管理与创新［M］. 北京：中国物资出版社，2011.

［3］鑫国. 区域市场攻略：区域市场的开发管理及提升［M］. 北京：机械工业出版社，2004.

［4］科兰等. 营销渠道［M］. 北京：中国人民大学出版社，2008.

［5］韩锋. 做高利润的经销商：聪明的老板会以人生财［M］. 北京：北京大学出版社，2012.

［6］韦文英. 区域营销［M］. 北京：知识产权出版社，2012.

［7］付晓晶，杜愚. 区域市场营销［M］. 北京：中国纺织出版社，2003.

［8］江礼坤. 网络营销推广实战宝典［M］. 北京：电子工业出版社，2014.

后　记

在刚刚过去的 2014 年下半年里，马云及其阿里巴巴创造了一个又一个令人瞩目的奇迹：先是 9 月 19 日晚，阿里巴巴集团正式在美国纽约股票交易所挂牌交易，其股价于上市当天涨幅高达 38.07%，市值达到 2314.39 亿美元，超越 Facebook 成为仅次于谷歌的全球第二大互联网公司。马云一夜之间超越万达集团董事长王健林，成为中国大陆新一任首富。

随后的 11 月 11 日，在零点刚开始的时候，阿里巴巴旗下的天猫网仅用了 38 分钟便达到了惊人的 100 亿元成交额，双十一全天，天猫全会场成交额突破了 571 亿元，较 2013 年的 350 亿元交易额上涨了 64%。其不菲的单日销售业绩令各大电商叹为观止，难以望其项背。

总结阿里巴巴的成功经验，它作为全球领先的小企业电子商务公司，之所以能够在短短十几年的时间里从无到有，并迅速成长为世界第二大的互联网公司，这与马云始终坚持立足杭州、放眼全球的经营策略，以及通过旗下三个交易市场协助全球各地数以百万计的经销商从事网上贸易的经营模式是密不可分的。

正所谓成王败寇，在当今市场风云突变的局势之下，中国数以百万计的经销商如何才能够走出传统观念误区，在深度营销时代下做出正确的市场抉择；如何做好市场开发与创新，并致力于用实力赢得区域话语权；如何进行商业模式的升级和创新，进而准确地进行区域市场定位？将这些问题搞明白了，才能在日益激烈的市场竞争中始终立于不败之地。

《区域为王——经销商区域为王制胜模式》一书所要解决的就是这样一些摆在广大经销商面前的亟待解决的重大问题，也只有把这些问题都搞清楚了，才能于区域市场的千般考验万般挑战中，像马云的阿里巴巴一样立足一域杀出重围，做一个名副其实的"区域之王"！

一部著作的完成需要许多人的默默贡献，闪耀着的是集体智慧的结晶，其中铭刻着许多艰辛的付出，凝结着许多辛勤的劳动和汗水。

在编写本书过程中，借鉴和参考了大量的文献和作品，从中得到了不少启悟，也汲取了其中的智慧精华，谨向各位专家、学者表示崇高的敬意——因为有了大家的努力，才有了本书的诞生。

凡被本书选用的材料，我们都将按相关规定向原作者支付稿费，但因为有的作者通信地址不详或者变更，尚未取得联系。敬请您见到本书后及时函告您的详细信息，我们会尽快办理相关事宜。

由于编写时间仓促以及编者水平有限，书中不足之处在所难免，恳请广大读者指正特驰惠意。